EERSTE EDITIE - Gepubliceerd in 2022

Extra grafisch materiaal van: www.freepik.com
Dank aan: Alekksall, Starline, Pch.vector, Rawpixel.com, Vectorpocket, Dgim-studio, Upklyak, Macrovector, Stockgiu, Pikisuperstar & Freepik.com Designers

5 TIPS OM TE BEGINNEN!

1) HOE OP TE LOSSEN

De Puzzels zijn in een Klassiek Formaat:

- Woorden worden verborgen zonder pauzes (geen spaties, streepjes, ...)
- Oriëntatie: Voorwaarts & Achterwaarts, Boven & Beneden of in Diagonaal (kan in beide richtingen)
- Woorden kunnen elkaar overlappen of kruisen

2) ACTIEF LEREN

Naast elk woord is een spatie voorzien om de vertaling te noteren. Om actief te leren vindt u een **WOORDENBOEK** aan het einde van deze editie om uw kennis te controleren en uit te breiden. U kunt elke vertaling opzoeken en opschrijven, de woorden in de puzzel vinden en ze vervolgens aan uw woordenschat toevoegen!

3) TAG JE WOORDEN

Hebt u al geprobeerd een labelsysteem te gebruiken? U zou bijvoorbeeld de woorden die moeilijk te vinden waren kunnen markeren met een kruis, de woorden die u leuk vond met een ster, nieuwe woorden met een driehoek, zeldzame woorden met een ruit enzovoort...

4) ORGANISEER UW LEREN

Wij bieden ook een handig **NOTITIEBOEKJE** aan het eind van deze uitgave. Of u nu op vakantie, op reis of thuis bent, u kunt uw nieuwe kennis gemakkelijk ordenen zonder dat u een tweede notitieboek nodig hebt!

5) AFGESLOTEN?

Ga naar de bonussectie: **FINAAL UITDAGING** om een gratis spel te vinden dat aan het einde van deze editie wordt aangeboden!

Wil je meer leuke en leerzame activiteiten? Het is Snel en Eenvoudig! Een hele collectie spelboeken slechts **één klik verwijderd!**

Vind uw volgende uitdaging bij:

BestActivityBooks.com/MijnVolgendeBoek

Klaar... Start!

Wist u dat er zo'n 7000 verschillende talen in de wereld zijn? Woorden zijn kostbaar.

We houden van talen en hebben hard gewerkt om de boeken van de hoogste kwaliteit voor u te maken. Onze ingrediënten?

Een selectie van onmisbare leerthema's, drie grote plakken plezier, dan voegen we er een lepel moeilijke woorden en een snuifje zeldzame woorden aan toe. We serveren ze met zorg en een maximum aan verrukking, zodat je de beste woordspelletjes kunt oplossen en veel plezier beleeft aan het leren!

Uw feedback is essentieel. U kunt een actieve bijdrage leveren aan het succes van dit boek door een recensie achter te laten. Vertel ons wat u het meest beviel in deze editie!

Hier is een korte link die u naar uw bestelpagina brengt:

BestBooksActivity.com/Recensies50

Bedankt voor uw hulp en veel plezier met het spel!

Linguas Classics

1 - Metingen

```
C E N T I M É T E R S G U J
B Á J T Ö M E G J Z A R N D
P M É L Y S É G F L G A C S
M E É W E Ú T P V B F M I M
S E R R R L T I S M Z M A B
W K I C Ő Y G N Z T O N N A
T I N V Z M R T É E Z Z T A
G L H O S S Z L L F D T H D
I O Ü K R U L I E O I E Z T
L G V F R G S T S K I U S N
F R E Z V R F E S O A N J W
Z A L A C D P R É Z E Y I J
C M Y Y E U M A G A S S Á G
M M K K I L O M É T E R W D
```

SZÉLESSÉG
BÁJT
CENTIMÉTER
TIZEDES
MÉLYSÉG
SÚLY
FOKOZAT
GRAMM
MAGASSÁG
HÜVELYK

KILOGRAMM
KILOMÉTER
HOSSZ
LITER
TÖMEG
MÉRŐ
PERC
UNCIA
PINT
TONNA

2 - Keuken

```
M  F  C  C  F  Ű  S  Z  E  R  E  K  R  Y
X  B  S  M  S  Z  I  V  A  C  S  Ö  E  M
A  T  É  O  E  Ü  G  W  C  Y  O  T  C  É
B  K  S  U  D  R  T  Á  L  Z  T  É  E  L
B  E  Z  X  G  V  Ő  Ő  K  J  Y  N  P  Y
X  L  É  U  R  R  Y  K  F  K  Z  Y  T  H
L  J  K  W  I  W  N  O  A  A  I  V  S  Ű
U  P  U  P  L  E  W  R  V  N  U  X  Z  T
C  W  U  U  L  V  I  S  I  C  Á  G  A  Ő
E  N  N  I  U  R  V  Ó  L  S  Y  L  L  C
V  Í  Z  F  O  R  R  A  L  Ó  Z  M  V  F
B  K  É  S  E  K  A  N  A  L  A  K  É  D
H  Ű  T  Ő  S  Z  E  K  R  É  N  Y  T  O
É  L  E  L  M  I  S  Z  E  R  L  E  A  V
```

CSÉSZÉK	MERŐKANÁL
ENNI	KORSÓ
GRILL	RECEPT
VÍZFORRALÓ	KÖTÉNY
HŰTŐSZEKRÉNY	SZALVÉTA
TÁL	FŰSZEREK
KANCSÓ	SZIVACS
KANALAK	ÉLELMISZER
KÉSEK	VILLA
SÜTŐ	MÉLYHŰTŐ

3 - Boten

```
K  C  R  F  C  H  W  M  G  P  A  T  A  Á
Ö  S  K  A  J  A  K  A  N  N  R  A  I  R
T  S  F  Ó  A  H  U  L  L  Á  M  O  K  B
É  T  O  I  C  L  U  Z  K  K  S  B  G  O
L  K  L  S  H  E  E  E  E  E  U  T  P  C
H  O  Y  K  T  O  Á  G  C  N  B  Ó  J  A
O  M  Ó  X  E  K  O  N  É  U  J  B  H  N
R  P  V  M  N  D  W  D  A  N  U  U  M
G  W  M  O  G  Y  K  N  O  Z  Y  M  R  M
O  N  T  T  E  N  G  E  R  K  E  S  G  R
N  V  K  O  R  V  O  C  Y  M  K  O  É  J
Y  I  I  R  I  V  I  T  O  R  L  Á  S  G
Y  B  O  K  O  L  I  T  U  T  A  J  M  J
E  C  K  M  E  N  T  Ő  C  S  Ó  N  A  K
```

HORGONY	MOTOR
LEGÉNYSÉG	TENGERI
BÓJA	ÓCEÁN
DOKK	MENTŐCSÓNAK
HULLÁMOK	FOLYÓ
JACHT	KÖTÉL
KAJAK	KOMP
KENU	TUTAJ
ÁRBOC	TENGER
TÓ	VITORLÁS

4 - Chocolade

```
S D E D P K M K M E P V U A
E N N I R E I A A S N O U N
Y U S Z K D N L R K E T R T
Z H E T C V Ő Ó O E A K E I
F I N O M E S R M S U Ó C O
G F X L V N É I A E O K E X
S K Y S L C G A F R O U P I
Í Ó C U K O R K A Ű V S T D
Z C V K A R A M E L L Z É Á
B E D Á W F W N V V K D D N
C U K O R U S E I L H I E S
O E Y R T G Y K Y M A Ó S T
L W S I D E Á R N A F E K H
O Y D B D Ö S S Z E T E V Ő
```

ANTIOXIDÁNS
AROMA
KESERŰ
KAKAÓ
KALÓRIA
ENNI
KEDVENC
FINOM
ÖSSZETEVŐ
KARAMELL

KÓKUSZDIÓ
MINŐSÉG
POR
RECEPT
ÍZ
CUKORKA
CUKOR
SÓVÁRGÁS
ÉDES

5 - Tijd

```
É  C  L  K  B  N  N  É  V  A  N  D  L  P
V  J  Ö  V  Ő  X  A  F  R  W  T  A  T  G
T  J  S  O  Y  F  P  F  W  E  E  B  P  O
I  C  J  Z  Y  Z  T  E  L  J  G  U  Y  S
Z  E  O  R  A  S  Á  R  M  N  N  G  H  F
E  É  V  E  S  K  R  K  O  R  A  I  E  T
D  N  I  E  W  W  A  F  S  H  P  R  D  L
É  S  Z  Á  Z  A  D  S  T  O  W  H  G  V
L  G  F  V  I  M  A  H  H  L  Ó  R  A  I
V  X  A  H  É  T  J  H  U  N  G  F  R  G
E  S  W  Ó  X  H  G  A  O  A  Y  J  H  U
R  U  C  N  X  W  R  H  N  P  E  R  C  E
C  W  I  A  X  Y  X  P  M  E  Z  C  G  W
X  P  G  P  U  T  Á  N  K  L  Z  C  J  P
```

NAP	HOLNAP
ÉVTIZED	UTÁN
SZÁZAD	ÉJSZAKA
TEGNAP	MOST
ÉV	REGGEL
ÉVES	JÖVŐ
NAPTÁR	ÓRA
HÓNAP	MA
DÉL	KORAI
PERC	HÉT

6 - Meditatie

M	E	L	É	G	Z	É	S	É	B	R	E	N	Z
O	L	S	R	K	E	D	V	E	S	S	É	G	E
Z	F	S	Z	M	E	N	T	Á	L	I	S	G	N
G	O	P	E	R	S	P	E	K	T	Í	V	A	E
Á	G	R	L	T	X	F	Y	X	R	H	I	A	N
S	A	I	M	L	E	E	I	H	X	Á	E	F	S
L	D	R	E	F	P	R	N	G	A	L	O	P	W
G	Á	G	K	T	F	X	M	B	Y	A	A	M	H
C	S	E	N	D	P	B	K	É	É	E	A	L	M
B	O	L	D	O	G	S	Á	G	S	K	L	Z	I
V	I	L	Á	G	O	S	S	Á	G	Z	E	E	N
E	G	Y	Ü	T	T	É	R	Z	É	S	E	B	M
G	O	N	D	O	L	A	T	O	K	Z	M	T	O
T	E	S	T	T	A	R	T	Á	S	E	M	R	B

FIGYELEM
ELFOGADÁS
LÉGZÉS
MOZGÁS
HÁLA
ÉRZELMEK
GONDOLATOK
BOLDOGSÁG
VILÁGOSSÁG
TESTTARTÁS

EGYÜTTÉRZÉS
MENTÁLIS
ZENE
TERMÉSZET
PERSPEKTÍVA
CSEND
BÉKE
KEDVESSÉG
ÉBREN

7 - Zomer

```
H  S  T  S  C  I  C  L  A  J  M  L  J  C
V  Z  E  Z  T  Y  E  X  U  T  A  Z  Á  S
T  A  N  A  O  R  C  I  R  Z  R  R  G  A
É  B  G  N  T  I  A  R  A  X  S  F  W  L
L  A  E  D  T  K  Ö  N  Y  V  E  K  C  Á
E  D  R  Á  H  E  R  N  D  N  B  B  S  D
L  I  E  L  O  R  Ö  Y  T  Y  C  A  I  A
M  D  H  M  N  T  M  R  B  A  D  R  L  N
I  Ő  O  Z  L  D  I  H  C  R  H  Á  L  D
S  V  L  U  E  É  I  U  P  A  G  T  A  K
Z  E  N  E  X  E  K  J  S  L  B  O  G  P
E  Ú  S  Z  N  I  R  E  F  Á  F  K  O  Y
R  K  E  M  P  I  N  G  K  S  A  R  K  P
K  I  K  A  P  C  S  O  L  Ó  D  Á  S  K
```

KÖNYVEK	STRAND
CSALÁD	KERT
EMLÉKEK	NYARALÁS
OTTHON	ÉLELMISZER
KEMPING	ÖRÖM
ZENE	BARÁTOK
KIKAPCSOLÓDÁS	SZABADIDŐ
UTAZÁS	TENGER
SZANDÁL	ÚSZNI
CSILLAGOK	

8 - Vogels

```
C  J  S  J  T  T  H  P  P  P  C  M  Y  V
X  X  Z  P  E  O  A  Á  I  E  G  É  M  A
V  E  R  É  B  J  T  V  N  L  S  A  A  R
G  L  L  Z  O  Á  T  A  G  I  I  G  T  J
A  Ó  P  D  K  S  Y  N  V  K  R  B  H  Ú
G  D  L  N  G  M  Ú  W  I  Á  Á  A  A  Y
G  Y  M  Y  X  S  P  S  N  L  G  F  B
Z  G  G  I  A  W  F  T  I  D  Y  O  D  L
C  S  I  R  K  E  U  R  U  I  K  L  E  G
A  C  F  X  K  A  K  U  K  K  E  Y  R  O
P  A  P  A  G  Á  J  C  H  A  Á  Y  I  B
G  A  L  A  M  B  N  C  S  C  M  N  O  S
P  F  L  A  M  I  N  G  Ó  S  R  N  W  E
R  O  N  O  U  W  I  L  R  A  Z  V  Y  X
```

GALAMB	GÓLYA
KACSA	PAPAGÁJ
TOJÁS	PÁVA
FLAMINGÓ	PELIKÁN
LIBA	PINGVIN
CSIRKE	GÉM
KAKUKK	STRUCC
VARJÚ	TUKÁN
SIRÁLY	BAGOLY
VERÉB	HATTYÚ

9 - Behoud

```
H U P L C E O R G W T V L S
Ö K O S Z I S Z T É M A Í H
W U R E Ö N K É N T E S O Z
N L É L Ő H E L Y L P Z K O
É G H A J L A T U S E R Ö K
S Z E N N Y E Z É S S J R T
C S Ö K K E N T É S Z F N A
F E N N T A R T H A T Ó Y T
S Z E R V E S J W W I L E Á
V Á L T O Z Á S O K C H Z S
E G É S Z S É G Z F I N E G
H P J C V K W B K Ö D U T L
V E G Y S Z E R E K L H I X
T E R M É S Z E T E S D Z V
```

VEGYSZEREK
FENNTARTHATÓ
ÖKOSZISZTÉMA
CIKLUS
EGÉSZSÉG
ZÖLD
ÉLŐHELY
ÉGHAJLAT
KÖRNYEZETI

TERMÉSZETES
OKTATÁS
SZERVES
PESZTICID
VÁLTOZÁSOK
CSÖKKENTÉS
SZENNYEZÉS
ÖNKÉNTES
VÍZ

10 - Wiskunde

```
P  X  I  Z  Á  T  M  É  R  Ő  M  Ö  S  O
Á  A  S  P  S  Z  Ö  G  E  K  H  S  Z  H
R  G  W  G  F  P  L  R  F  O  D  S  I  Á
H  S  Z  Á  M  T  A  N  E  N  S  Z  M  R
U  F  T  I  Z  E  D  E  S  D  C  E  M  O
Z  O  F  H  S  I  C  F  S  E  É  G  E  M
A  K  D  X  C  A  I  R  U  Z  D  K  T  S
M  C  E  F  H  F  Z  W  G  Ö  M  B  R  Z
O  U  S  R  C  L  K  F  Á  W  I  F  I  Ö
S  P  P  N  Ü  N  H  I  R  V  D  G  A  G
T  É  G  L  A  L  A  P  T  X  N  H  Y  C
L  J  R  F  I  G  E  O  M  E  T  R  I  A
P  O  L  I  G  O  N  T  B  U  V  G  F  N
M  E  R  Ő  L  E  G  E  S  G  O  Ő  H  X
```

GÖMB	MERŐLEGES
TIZEDES	KERÜLET
ÁTMÉRŐ	PÁRHUZAMOS
HÁROMSZÖG	TÉGLALAP
KITEVŐ	SZÁMTAN
TÖREDÉK	ÖSSZEG
GEOMETRIA	SUGÁR
FOK	SZIMMETRIA
SZÖGEK	POLIGON

11 - Camping

```
T  Ó  D  O  X  F  Ü  G  G  Ő  Á  G  Y  L
E  S  K  M  K  V  M  N  U  O  K  U  V  R
R  P  H  P  A  A  F  D  H  J  A  E  I  A
M  T  E  W  B  D  L  M  H  N  N  P  N  H
É  É  G  B  I  Á  S  A  L  Á  M  P  A  U
S  R  Y  H  N  S  G  Á  N  X  T  D  A  V
Z  K  Y  S  T  Z  F  L  T  D  E  C  B  F
E  É  S  Y  Ű  A  K  L  U  O  I  X  V  G
T  P  N  J  Z  T  Z  A  M  S  R  W  G  H
K  E  R  D  Ő  X  K  T  W  F  Á  K  Z  E
A  V  H  H  N  I  C  O  U  O  N  Ö  Z  M
L  R  O  V  A  R  F  K  I  F  Y  T  L  K
A  E  L  P  T  G  I  A  A  R  T  É  H  P
P  L  D  Z  Z  B  C  G  J  V  Ű  L  T  O
```

KALAND	VADÁSZAT
HEGY	TÉRKÉP
FÁK	KENU
ERDŐ	IRÁNYTŰ
TŰZ	LÁMPA
KABIN	HOLD
ÁLLATOK	TÓ
FÜGGŐÁGY	TERMÉSZET
KALAP	SÁTOR
ROVAR	KÖTÉL

12 - Activiteiten

```
R  E  J  T  V  É  N  Y  E  K  R  H  K  M
V  A  R  R  Á  S  H  A  R  P  E  P  E  Á
W  K  F  S  Z  A  B  A  D  I  D  Ő  R  G
O  L  V  A  S  Á  S  G  L  S  Z  L  Á  I
G  K  É  S  Z  S  É  G  T  Á  K  V  M  A
F  É  N  Y  K  É  P  E  Z  É  S  W  I  S
M  B  K  E  M  P  I  N  G  C  F  Z  A  C
E  Z  D  X  Ű  I  Y  L  N  X  E  G  A  X
O  T  T  E  V  É  K  E  N  Y  S  É  G  T
F  C  K  P  É  I  L  O  M  T  T  X  P  O
V  A  D  Á  S  Z  A  T  M  Á  M  Ö  D  A
K  U  J  P  Z  L  T  U  I  N  É  R  F  S
I  C  U  N  E  V  M  Y  J  C  N  Ö  C  W
S  Z  B  F  T  U  N  F  S  K  Y  M  N  T
```

TEVÉKENYSÉG	OLVASÁS
TÁNC	MÁGIA
FÉNYKÉPEZÉS	VARRÁS
HALÁSZAT	ÖRÖM
VADÁSZAT	REJTVÉNYEK
KEMPING	FESTMÉNY
KERÁMIA	KÉSZSÉG
MŰVÉSZET	SZABADIDŐ

13 - Vormen

```
H  M  B  V  L  X  L  T  R  U  S  K  Ú  P
H  Á  R  O  M  S  Z  Ö  G  Y  V  E  O  R
É  N  U  N  M  A  T  W  O  G  T  R  L  I
C  L  J  A  Z  R  X  H  A  H  M  E  D  Z
Y  R  E  L  P  O  L  I  G  O  N  K  A  M
Í  H  G  K  Z  K  G  P  Ö  X  U  Ö  L  A
D  V  N  S  H  E  V  E  M  N  R  R  H  N
P  K  T  T  Y  W  H  R  B  H  N  I  S  É
U  D  F  K  G  G  B  B  W  S  X  J  D  G
P  I  R  A  M  I  S  O  S  K  W  Z  B  Y
O  V  Á  L  I  S  J  L  K  S  O  U  P  Z
H  E  N  G  E  R  Y  A  X  C  P  C  H  E
T  É  G  L  A  L  A  P  M  T  R  T  K  T
J  P  U  J  T  T  G  V  G  O  G  Y  Y  A
```

GÖMB	VONAL
ÍV	OVÁLIS
HENGER	PIRAMIS
KÖR	PRIZMA
HÁROMSZÖG	ÉLEK
SAROK	TÉGLALAP
HIPERBOLA	KEREK
OLDAL	POLIGON
KÚP	NÉGYZET
KOCKA	

14 - Astronomie

```
M  E  T  E  O  R  W  A  F  D  K  K  S  A
U  N  I  V  E  R  Z  U  M  Ö  Á  J  T  S
C  S  I  L  L  A  G  Á  S  Z  L  M  X  Z
Ű  Y  A  M  I  B  M  Ű  H  O  L  D  D  T
R  E  H  V  W  K  O  R  Z  O  A  L  B  E
H  H  I  L  C  Ö  H  L  M  M  T  J  K  R
A  R  O  M  G  D  V  P  Y  K  Ö  D  O  O
J  A  K  L  S  F  F  B  O  G  V  U  Z  I
Ó  K  T  V  D  O  K  T  O  W  Ó  L  M  D
S  É  H  K  S  L  T  Á  V  C  S  Ő  O  A
Y  T  Y  Ü  S  T  Ö  K  Ö  S  S  F  S  X
O  A  C  S  I  L  L  A  G  K  É  P  Z  R
S  U  G  Á  R  Z  Á  S  L  E  J  T  Y  U
Y  Y  E  L  C  S  I  L  L  A  G  S  É  G
```

FÖLD	KÖDFOLT
ASZTEROIDA	BOLYGÓ
ŰRHAJÓS	RAKÉTA
CSILLAGÁSZ	MŰHOLD
ÁLLATÖV	CSILLAG
ÉG	CSILLAGKÉP
ÜSTÖKÖS	SUGÁRZÁS
KOZMOSZ	TÁVCSŐ
HOLD	UNIVERZUM
METEOR	

15 - Emoties

```
N  H  A  R  A  G  M  C  D  T  V  S  E  G
B  Y  I  Z  G  A  T  O  T  T  J  Z  L  Y
É  M  U  H  S  N  T  Ö  F  T  N  E  É  E
K  E  N  G  Z  U  Y  S  R  V  W  R  G  N
E  G  A  K  O  A  D  U  B  Ö  V  E  E  G
K  L  L  N  M  D  A  K  G  T  M  T  D  É
E  E  O  O  O  Y  T  F  S  A  M  E  E  D
D  P  M  G  R  Z  J  L  P  R  L  T  T  S
V  E  A  O  Ú  M  O  M  P  T  P  O  T  É
E  T  F  A  S  H  Z  A  V  A  R  T  M  G
S  É  C  H  Á  L  Á  S  X  L  Z  B  J  W
S  S  E  B  G  B  O  L  D  O  G  S  Á  G
É  D  N  F  É  L  E  L  E  M  E  P  B  I
G  S  Z  I  M  P  Á  T  I  A  E  B  Y  R
```

FÉLELEM	SZIMPÁTIA
ZAVART	GYENGÉDSÉG
HÁLÁS	ELÉGEDETT
SZOMORÚSÁG	MEGLEPETÉS
BOLDOGSÁG	UNALOM
TARTALOM	BÉKE
NYUGODT	ÖRÖM
SZERETET	KEDVESSÉG
IZGATOTT	HARAG
NYUGALOM	

16 - Vakantie #2

```
O  É  T  T  E  R  E  M  Z  O  N  N  B  T
N  Y  A  R  A  L  Á  S  W  V  F  F  W  A
S  Z  A  B  A  D  I  D  Ő  G  Í  W  S  X
F  O  B  S  Y  L  A  K  A  S  U  Z  L  I
S  O  I  Z  X  L  H  E  G  Y  E  K  U  A
T  Ú  G  Á  U  N  J  M  J  S  V  T  K  M
R  T  T  L  T  X  U  P  W  H  X  E  P  K
A  L  É  L  A  S  Z  I  G  E  T  N  V  Ü
N  E  R  O  Z  L  F  N  L  W  U  G  O  L
D  V  K  D  Á  D  Á  G  H  P  S  E  N  F
P  É  É  A  S  J  U  S  Á  T  O  R  A  Ö
Y  L  P  W  K  K  T  C  O  V  K  D  T  L
S  Z  Á  L  L  Í  T  Á  S  K  A  J  H  D
S  R  E  P  Ü  L  Ő  T  É  R  K  H  F  I
```

HEGYEK	ÉTTEREM
KÜLFÖLDI	STRAND
SZIGET	TAXI
SZÁLLODA	SÁTOR
TÉRKÉP	VONAT
KEMPING	NYARALÁS
REPÜLŐTÉR	SZÁLLÍTÁS
ÚTLEVÉL	VÍZUM
UTAZÁS	SZABADIDŐ
FOGLALÁSOK	TENGER

17 - Weersomstandigheden

```
H  U  R  R  I  K  Á  N  K  J  K  V  T  P
Ő  V  I  H  A  R  H  N  Ö  M  P  Z  R  O
M  A  N  N  A  M  N  P  D  R  U  B  Ó  L
É  R  S  Z  I  V  Á  R  V  Á  N  Y  P  Á
R  D  F  Z  L  É  G  K  Ö  R  T  L  U  R
S  I  S  S  Á  T  O  R  N  Á  D  Ó  S  I
É  É  Y  N  O  L  B  G  L  P  R  R  I  S
K  G  H  I  C  B  Y  Y  N  W  M  V  C  P
L  H  M  O  N  S  Z  U  N  S  N  O  Í  T
E  A  E  R  E  W  H  T  V  I  Z  T  P  Z
T  J  É  G  D  E  O  F  P  X  N  É  H  J
F  L  Z  K  V  I  L  L  Á  M  F  C  L  W
U  A  V  C  E  É  G  F  E  L  H  Ő  S  B
A  T  I  G  S  Y  A  Y  K  J  D  Y  G  Z
```

LÉGKÖR
VILLÁM
ASZÁLY
ÉG
JÉG
ÉGHAJLAT
KÖD
MONSZUN
HURRIKÁN
ÁRVÍZ

POLÁRIS
SZIVÁRVÁNY
VIHAR
HŐMÉRSÉKLET
TORNÁDÓ
TRÓPUSI
NEDVES
SZÉL
FELHŐ

18 - Strand

```
K L N L R C M P A R T U K U
Z Á T O N Y M Z S Á A C B M
Ó L L A G Ú N A Y K É K N W
C C U C F S N Y A R A L Á S
V H E S S Z A N D Á L E T K
H I E Á J N P Y F O V T E A
A F T R N I M J U I K N G
J B H O M O K W W M L K G Y
Ó U T Ö R Ü L K Ö Z Ő P E L
H T L Z J L S Z I G E T R Ó
R K Z D H D Á E S E R N Y Ő
B M G B I J R S I S H K A L
O D T K H U Y Y J F I E E L
N H F M L O U E E F T Z G F
```

KÉK	ZÁTONY
HAJÓ	SZANDÁL
DOKK	KAGYLÓ
SZIGET	NYARALÁS
TÖRÜLKÖZŐ	HOMOK
RÁK	TENGER
PART	VITORLÁS
LAGÚNA	NAP
ÓCEÁN	ÚSZNI
ESERNYŐ	

19 - Eten #2

```
B G P K P S J H Z J A V K B
V D U F G Z O M A N D U L A
S Y I A S Ő G W L L H H P P
L G X R B L H R M C R M A A
I C V G T Ő U V A F B A D R
Ő S Z I B A R A C K Ú D L A
B A N Á N T T W S I Z C I D
B R O K K O L I I V A J Z I
T S U X E H L D R I Z S S C
S O N K A N L R K S T F Á S
L D J R V H Y Y E A L H N O
Z S P Á R G A É M J D P M M
D T S V S C W R R T X L T W
T T Z Y B B A N A N Á S Z B
```

MANDULA	SONKA
ANANÁSZ	SAJT
ALMA	CSIRKE
SPÁRGA	KIVI
PADLIZSÁN	ŐSZIBARACK
BANÁN	RIZS
BROKKOLI	BÚZA
KENYÉR	PARADICSOM
SZŐLŐ	HAL
TOJÁS	JOGHURT

20 - Klimmen

```
Y  K  T  Ú  R  Á  Z  Á  S  I  X  L  J  K
C  E  K  L  T  É  R  K  É  P  X  É  K  Í
S  S  M  M  V  M  J  G  N  B  P  G  J  V
Z  Z  I  C  T  X  U  A  E  R  Ő  K  F  Á
A  T  F  Z  K  N  U  T  W  H  X  Ö  L  N
K  Y  I  Y  M  R  Y  Z  A  Y  E  R  T  C
É  Ű  Z  Z  A  A  O  H  Z  T  L  I  E  S
R  K  I  B  G  S  I  S  A  K  Ó  V  R  I
T  E  K  O  A  É  T  H  W  É  P  K  E  S
Ő  S  A  S  S  R  D  G  L  P  H  M  P  Á
P  K  I  V  S  Ü  L  P  G  Z  D  B  K  G
E  E  T  R  Á  L  V  A  F  É  U  N  V  K
S  N  L  V  G  É  E  P  N  S  A  P  K  V
Z  Y  U  H  M  S  K  P  C  G  B  F  K  V
```

LÉGKÖR	ERŐ
SZAKÉRTŐ	CSIZMA
FIZIKAI	SÉRÜLÉS
ÚTMUTATÓK	KÍVÁNCSISÁG
BARLANG	KÉPZÉS
KESZTYŰ	KESKENY
SISAK	TEREP
MAGASSÁG	TÚRÁZÁS
TÉRKÉP	

21 - Restaurant #1

```
I  P  T  Ö  K  U  B  W  V  K  E  D  M  Z
G  I  Á  S  Á  V  F  W  A  I  É  S  R  N
X  N  L  S  V  D  S  B  W  P  W  S  M  Z
X  C  F  Z  É  D  E  S  S  Z  E  R  T  D
K  É  V  E  F  C  V  C  S  I  R  K  E  J
E  R  C  T  Ű  P  É  N  Z  T  Á  R  O  S
N  N  E  E  S  A  T  I  A  E  T  D  J  H
Y  Ő  N  V  Z  V  A  L  L  E  R  G  I  A
É  D  N  Ő  E  N  N  B  V  W  M  T  V  M
R  E  I  K  R  J  N  H  É  X  E  R  W  D
A  F  A  D  E  N  A  D  T  Á  N  Y  É  R
G  X  U  S  S  T  V  X  A  T  Ü  C  H  N
F  H  B  F  O  G  L  A  L  Á  S  K  Ú  O
S  Z  Ó  S  Z  K  O  N  Y  H  A  X  S  B
```

ALLERGIA	MENÜ
TÁNYÉR	KÉS
KENYÉR	FŰSZERES
ENNI	FOGLALÁS
ÖSSZETEVŐK	SZÓSZ
PÉNZTÁROS	PINCÉRNŐ
KONYHA	SZALVÉTA
CSIRKE	DESSZERT
KÁVÉ	HÚS
TÁL	

22 - Geologie

```
Z  K  P  K  B  H  B  L  M  I  F  E  O  S
D  V  I  O  A  C  B  Á  Z  O  Ö  R  L  O
J  A  Y  N  R  L  B  V  I  U  L  Ó  V  M
K  R  I  T  L  V  C  A  C  Y  D  Z  A  F
F  C  C  I  A  Y  S  I  T  A  R  I  D  O
V  E  G  N  N  A  E  C  U  S  E  Ó  T  S
G  G  N  E  G  J  P  P  L  M  N  Z  M  S
R  E  I  N  P  P  P  B  Z  C  G  K  E  Z
É  O  J  S  S  A  K  Ő  R  N  É  U  D  I
T  U  K  Z  Ó  Í  Ő  S  T  C  S  A  V  L
E  O  N  Y  Í  G  K  V  U  L  K  Á  N  I
G  M  S  K  O  R  A  L  L  Z  Ó  N  A  S
K  R  I  S  T  Á  L  Y  O  K  G  X  R  I
T  F  N  U  C  X  O  E  S  T  L  R  N  G
```

FÖLDRENGÉS	KVARC
KALCIUM	RÉTEG
KONTINENS	LÁVA
ERÓZIÓ	FENNSÍK
FOSSZILIS	CSEPPKŐ
GEJZÍR	KŐ
OLVADT	VULKÁN
BARLANG	ZÓNA
KORALL	SÓ
KRISTÁLYOK	SAV

23 - Specerijen

```
T  Y  C  K  Ö  M  É  N  Y  N  K  L  M  S
H  L  V  S  E  P  A  P  R  I  K  A  W  Z
N  Í  G  W  M  S  G  Y  Ö  M  B  É  R  E
C  K  Z  S  L  P  E  V  N  A  M  L  D  G
G  H  K  S  H  E  K  R  F  A  H  É  J  F
Y  Ö  É  D  E  S  R  N  Ű  R  K  D  F  Ű
E  D  R  Á  N  I  Z  S  A  S  O  E  O  S
X  K  E  Ö  P  I  O  H  A  R  S  K  Z
R  M  H  Y  G  I  A  X  T  A  I  K  H  E
C  U  R  R  Y  S  V  F  R  G  A  Ö  A  G
U  O  A  P  A  N  Z  F  W  Y  N  M  G  F
S  Á  F  R  Á  N  Y  É  D  M  D  É  Y  U
K  A  R  D  A  M  O  M  N  A  E  N  M  Z
M  O  P  V  A  N  Í  L  I  A  R  Y  A  I
```

ÁNIZS	KORIANDER
KESERŰ	SZEGFŰSZEG
GÖRÖGSZÉNA	PAPRIKA
GYÖMBÉR	SÁFRÁNY
FAHÉJ	ÍZ
KARDAMOM	HAGYMA
CURRY	VANÍLIA
FOKHAGYMA	ÉDESKÖMÉNY
KÖMÉNY	ÉDES

24 - Groenten

```
O H P F P Z L G O M B A W P
L I S A J A Y K Y Y C C B G
A Z J K R D D O M Ö C H D L
J X Z Y J A U L T I M A O U
B I T U M W D I I C U B G B
O Z E L L E R I V Z N O É O
G H A G Y M A H C G S W J R
Y U S R S G S X R S F Á G K
Ó S A L Á T A R E U O E N A
W G K S P E N Ó T Ö K M B E
F P E T R E Z S E L Y E M I
B R O K K O L I K B O R S Ó
S H M A R T I C S Ó K A K P
M O G Y O R Ó H A G Y M A N
```

ARTICSÓKA	TÖK
PADLIZSÁN	RETEK
BROKKOLI	SALÁTA
BORSÓ	ZELLER
GYÖMBÉR	MOGYORÓHAGYMA
UBORKA	SPENÓT
OLAJBOGYÓ	PARADICSOM
GOMBA	HAGYMA
PETREZSELYEM	

25 - Dans

```
T  E  S  T  T  A  R  T  Á  S  T  É  M  P
K  O  R  E  O  G  R  Á  F  I  A  R  Ű  R
O  I  N  N  N  I  P  T  E  S  T  Z  V  Ó
K  U  L  T  U  R  Á  L  I  S  A  E  É  B
B  L  P  M  V  I  D  Á  M  N  K  L  S  A
M  R  A  K  O  Z  S  C  Z  B  A  E  Z  V
B  I  R  S  E  Z  E  N  E  V  D  M  E  I
N  T  T  Y  S  G  G  B  D  M  É  H  T  Z
V  M  N  G  U  Z  Y  Á  O  R  M  A  G  U
K  U  E  L  S  T  I  E  S  I  I  H  N  Á
G  S  R  W  X  U  O  K  L  D  A  A  R  L
K  I  F  E  J  E  Z  Ő  U  E  C  X  A  I
K  U  L  T  Ú  R  A  M  G  S  M  J  W  S
D  H  A  G  Y  O  M  Á  N  Y  O  S  S  S
```

AKADÉMIA	KLASSZIKUS
MOZGÁS	MŰVÉSZET
VIDÁM	TEST
KOREOGRÁFIA	ZENE
KULTURÁLIS	PARTNER
KULTÚRA	PRÓBA
ÉRZELEM	RITMUS
KIFEJEZŐ	HAGYOMÁNYOS
KEGYELEM	VIZUÁLIS
TESTTARTÁS	

26 - Sport

```
I  H  W  C  C  L  T  C  W  J  U  E  S  F
X  I  N  S  H  G  O  L  F  Á  W  N  T  E
R  L  W  A  O  G  R  O  I  T  G  D  A  L
Y  D  X  P  K  V  N  E  C  É  Y  E  D  Z
G  Z  X  A  I  O  A  W  Z  K  Ő  B  I  I
Z  Y  L  T  L  M  S  U  O  O  Z  H  O  Z
A  K  E  R  É  K  P  Á  R  S  T  F  N  T
B  A  S  E  B  A  L  L  R  U  E  K  X  E
Ú  S  Z  N  I  L  I  W  M  L  S  B  G  N
E  D  Z  Ő  P  U  H  U  O  J  A  F  A  I
B  I  K  H  T  N  A  H  Z  Á  Y  B  R  S
B  A  J  N  O  K  S  Á  G  T  E  V  D  Z
A  T  L  É  T  A  D  I  Á  É  D  R  K  A
I  C  Y  L  X  H  H  V  S  K  X  N  Y  R
```

ATLÉTA	JÁTÉK
KOSÁRLABDA	JÁTÉKOS
MOZGÁS	STADION
KERÉKPÁR	CSAPAT
GOLF	TENISZ
TORNA	EDZŐ
HOKI	GYŐZTES
BASEBALL	ÚSZNI
BAJNOKSÁG	

27 - Mythologie

```
G Z H A S A B V T W K V H K
M E N N Y R W I E T C Y A A
Z A H A R C O S R M H J L T
O K N T B H R E E Á R I A A
F O E H O E S L M G L H N S
H Y J K S T E K T I A L D Z
Ő Ő L U S Í C E M K B E Ó T
S F S L Z P V D É U I G H R
N C S T Ú U I É N S R E U Ó
Ő I Z Ú U S L S Y A I N X F
S Z Ö R N Y L E R Ő N D J A
C G P A N W Á Z M E T A Z B
E N T E R E M T É S U L Z D
M E N N Y D Ö R G É S M F A
```

ARCHETÍPUS
VILLÁM
TEREMTÉS
KULTÚRA
MENNYDÖRGÉS
LABIRINTUS
VISELKEDÉS
HŐS
HŐSNŐ
MENNY

ERŐ
HARCOS
LEGENDA
MÁGIKUS
SZÖRNY
KATASZTRÓFA
HALANDÓ
TEREMTMÉNY
BOSSZÚ

28 - Eten #1

```
B A Z S A L I K O M D R G E
F Ö L D I M O G Y O R Ó Y P
R D F V W P T E J B S F Ü E
G P J O C U K O R S Á A M R
O X C H K W Z D N Ó R H Ö V
S K I V Ö H R V V H G É L O
S Á T T R J A T E K A J C T
O R R P T F P G A N B L S C
S P O G E Y C H Y H A E L H
T A M S A L Á T A M R V É A
H Ú S K A R Z X F U A E V G
S P E N Ó T É V R N C S D Y
L P J Z V G M P O N K P W M
M V S A M Y B X A A F A E A
```

EPER	SALÁTA
SÁRGABARACK	GYÜMÖLCSLÉ
BAZSALIKOM	LEVES
CITROM	SPENÓT
ÁRPA	CUKOR
FAHÉJ	TONHAL
FOKHAGYMA	HAGYMA
TEJ	HÚS
KÖRTE	SÁRGARÉPA
FÖLDIMOGYORÓ	SÓ

29 - Avontuur

```
N T B Á T O R S Á G T E N J
E H F V E S Z É L Y E S D E
H L U Ú V G B N O K R É X L
É E U T É T I F U I M L B Ő
Z L M V K W Z N Y R É Y B K
S K E O E U T A Z Á S O K É
É E G N N B O V G N Z S I S
G S L A Y A N I H D E Z H Z
F E E L S R S G N U T É Í Í
T D P V É Á Á Á P L C P V T
R É Ő N G T G C Ú Á E S Á É
W S F C Z O X I J S O É S S
Ö R Ö M Z K C Ó X V C G O B
S Z O K A T L A N Y S N K E
```

TEVÉKENYSÉG
LELKESEDÉS
KIRÁNDULÁS
VESZÉLYES
ESÉLY
BÁTORSÁG
NEHÉZSÉG
TERMÉSZET
NAVIGÁCIÓ
ÚJ

SZOKATLAN
ÚTVONAL
UTAZÁSOK
SZÉPSÉG
KIHÍVÁSOK
BIZTONSÁG
MEGLEPŐ
ELŐKÉSZÍTÉS
ÖRÖM
BARÁTOK

30 - Circus

```
L É G G Ö M B Ö K K M R Z Y
D T E N L A U V L J Á C S P
M X E I J B O H Ó C G T O Á
T K V G Y L R U J U I K N L
B I M J C I O S R K A G G L
Ű A G V X P S Á T O R H L A
V P K R T N Z N H R P T Ő T
É H S R I D L P M K P R R O
S J E P O S Á P A A I Ü M K
Z E N E W B N M J R U K C M
N G A A N N A Z O Y Á K R K
V Y Y W J D M T M W X D U L
J E L M E Z B T A H U D É S
E L E F Á N T N É Z Ő M N T
```

MAJOM

AKROBATA

LÉGGÖMBÖK

BOHÓC

ÁLLATOK

BŰVÉSZ

ZSONGLŐR

JEGY

JELMEZ

OROSZLÁN

MÁGIA

ZENE

ELEFÁNT

PARÁDÉ

CUKORKA

SÁTOR

TIGRIS

NÉZŐ

TRÜKK

31 - Restaurant #2

```
V  C  K  J  N  M  C  M  D  S  N  E  I  G
I  T  A  L  É  Z  P  Y  R  A  Z  A  T  Y
L  O  N  W  T  G  I  V  R  L  S  L  V  Ü
L  J  Á  H  F  I  N  O  M  Á  Ó  O  Í  M
A  Á  L  C  I  S  C  Y  Y  T  Z  T  Z  Ö
E  S  V  B  O  V  É  K  Z  A  O  T  Ö  L
E  B  É  D  C  D  R  A  H  X  V  É  L  C
S  V  M  H  A  L  T  O  R  T  A  S  D  S
F  Ű  S  Z  E  R  E  K  G  E  C  Z  S  I
R  A  U  W  E  A  L  J  F  H  S  T  É  X
S  Z  É  K  M  K  C  E  H  T  O  A  G  P
I  P  O  R  P  A  Y  I  V  M  R  W  E  E
L  A  R  E  W  K  D  V  Z  E  A  N  K  K
O  S  P  S  U  B  S  H  U  T  S  X  F  L
```

TORTA	TÉSZTA
VACSORA	PINCÉR
ITAL	SALÁTA
TOJÁS	LEVES
GYÜMÖLCS	FŰSZEREK
ZÖLDSÉGEK	SZÉK
FINOM	HAL
JÉG	VILLA
KANÁL	VÍZ
EBÉD	SÓ

32 - Bijen

O	S	Z	S	Z	Á	R	N	Y	A	K	E	M	S
B	E	P	O	R	Z	Ó	E	A	W	U	L	É	O
V	I	R	Á	G	R	T	G	L	P	H	V	Z	K
L	M	A	M	F	O	K	K	L	Ő	A	C	U	F
O	W	J	B	F	V	I	A	S	Z	N	W	E	É
G	R	S	U	J	A	R	T	I	D	L	Y	L	L
H	Y	F	S	B	R	Á	C	W	K	E	R	Ö	E
E	E	Ü	É	L	E	L	M	I	S	Z	E	R	S
Y	K	S	M	E	G	Y	P	O	L	L	E	N	É
F	Z	T	M	Ö	T	N	P	K	N	D	I	J	G
V	U	R	P	É	L	Ő	H	E	L	Y	K	H	H
K	A	P	T	Á	R	C	J	R	U	L	L	S	F
V	I	R	Á	G	O	K	S	T	B	U	C	D	L
Ö	K	O	S	Z	I	S	Z	T	É	M	A	A	D

BEPORZÓ   KIRÁLYNŐ
KAPTÁR   FÜST
VIRÁGOK   POLLEN
VIRÁG   KERT
SOKFÉLESÉG   SZÁRNYAK
ÖKOSZISZTÉMA   ÉLELMISZER
GYÜMÖLCS   ELŐNYÖS
ÉLŐHELY   VIASZ
MÉZ   NAP
ROVAR   RAJ

33 - School #1

```
V L D J H N B I C Í R G B T
K I Y V W G L C E R U Z A O
J Ö Z I B T L O C Ó T O R L
X U N S E B É D C A U W Á L
T D H Y G W H Y C S R M T T
K V Í Z V Á M L S Z Á M O K
B J N V E T K I P T U Á K H
T K I H K A Á P V A D B W K
A L G S A N C R P L R É Z Ö
N C K M V Á M Ó K A E C Y N
U S Z É K R V B L T P É X Y
L U B V Á L A S Z O K Í L V
N U A Y M A P P Á K T P R E
I U M T T A N T E R E M B K
```

ÁBÉCÉ	EBÉD
VÁLASZOK	MAPPÁK
KÖNYVTÁR	PAPÍR
KÖNYVEK	TOLL
ÍRÓASZTAL	MÓKA
SZÁMOK	CERUZA
VIZSGÁK	KVÍZ
TANTEREM	SZÉK
TANÁR	BARÁTOK
TANULNI	

34 - Wandelen

```
F  K  E  M  P  I  N  G  C  S  I  Z  M  A
X  Á  H  E  G  Y  U  A  K  L  U  V  X  Y
L  L  R  G  F  G  F  N  J  E  N  Í  P  I
X  L  K  A  P  A  R  K  O  K  A  Z  L  O
A  A  A  Ö  D  J  K  C  H  D  P  S  I  S
M  T  M  T  V  T  E  R  M  É  S  Z  E  T
A  O  B  Y  N  E  H  É  Z  U  I  Ú  S  É
H  K  F  Z  J  Z  K  I  J  H  D  N  Z  R
O  R  I  E  N  T  Á  C  I  Ó  Ő  Y  I  K
V  E  S  Z  É  L  Y  E  K  F  J  O  K  É
Y  W  T  U  P  U  J  Z  G  I  Á  G  L  P
É  G  H  A  J  L  A  T  P  B  R  O  A  W
V  S  N  B  I  W  Z  S  M  M  Á  K  A  K
E  L  Ő  K  É  S  Z  Í  T  É  S  V  A  D
```

HEGY	TERMÉSZET
ÁLLATOK	ORIENTÁCIÓ
VESZÉLYEK	PARKOK
TÉRKÉP	KÖVEK
KEMPING	ELŐKÉSZÍTÉS
SZIKLA	VÍZ
ÉGHAJLAT	IDŐJÁRÁS
CSIZMA	VAD
FÁRADT	NAP
SZÚNYOGOK	NEHÉZ

35 - Ecologie

```
N  Ö  V  É  N  Y  E  K  P  F  S  M  N  F
É  G  H  A  J  L  A  T  J  A  C  T  Ö  A
O  K  W  J  G  I  U  B  S  J  R  T  V  J
T  E  R  M  É  S  Z  E  T  T  R  E  É  A
W  P  N  Y  R  D  I  I  É  A  L  N  N  S
N  Ö  V  É  N  Y  V  I  L  Á  G  G  Y  Z
A  M  H  E  G  Y  E  K  Ő  F  L  E  Z  Á
L  O  S  T  M  G  P  A  H  A  O  R  E  L
Z  C  I  M  C  D  X  M  E  U  B  I  T  Y
R  S  V  A  Y  O  D  H  L  N  Á  S  R  T
C  Á  P  B  Y  U  A  X  Y  A  L  S  U  Z
V  R  T  Ú  L  É  L  É  S  F  I  W  P  T
K  Ö  Z  Ö  S  S  É  G  E  K  S  T  I  G
T  E  R  M  É  S  Z  E  T  E  S  B  K  U
```

HEGYEK	MOCSÁR
ASZÁLY	TERMÉSZET
FAUNA	TERMÉSZETES
NÖVÉNYVILÁG	TÚLÉLÉS
KÖZÖSSÉGEK	NÖVÉNYEK
GLOBÁLIS	FAJ
ÉLŐHELY	FAJTA
ÉGHAJLAT	NÖVÉNYZET
TENGERI	

36 - Installaties

```
N  B  O  G  Y  Ó  G  K  B  N  H  L  B  T
F  Ö  I  N  P  G  Y  A  O  Ö  K  S  O  N
N  C  V  E  O  Y  Ö  K  T  V  P  C  R  H
K  W  I  É  I  Ó  K  T  A  É  S  E  O  A
R  B  R  D  N  G  É  U  N  N  U  F  S  L
Y  A  Á  W  T  Y  R  S  I  Y  G  Z  T  O
K  X  G  F  R  N  V  Z  K  Z  H  F  Y  M
M  B  C  V  Á  Ö  K  I  A  E  B  X  Á  B
W  O  W  L  G  V  F  K  L  T  K  L  N  O
D  K  H  N  Y  É  Z  D  A  Á  H  E  U  Z
C  O  K  A  A  N  B  A  B  C  G  V  R  A
T  R  H  S  Z  Y  E  R  D  Ő  X  É  O  T
Y  F  T  U  B  F  Ű  Z  X  O  C  L  F  S
I  V  A  A  B  A  M  B  U  S  Z  N  X  D
```

BAMBUSZ	FŰ
BOGYÓ	BOROSTYÁN
LEVÉL	GYÓGYNÖVÉNY
VIRÁG	TRÁGYA
FA	MOHA
BAB	BOTANIKA
ERDŐ	BOKOR
KAKTUSZ	KERT
NÖVÉNYVILÁG	NÖVÉNYZET
LOMBOZAT	GYÖKÉR

37 - School #2

```
S  M  N  T  M  T  R  I  H  S  R  U  B  L
Z  F  Y  U  A  S  R  R  É  Z  U  X  T  H
Ó  H  E  D  T  V  R  O  T  Á  C  I  P  Ő
T  K  L  O  E  H  O  D  V  M  N  H  A  A
Á  I  V  M  M  Y  E  A  É  Í  A  Á  P  K
R  M  T  Á  A  S  X  L  G  T  P  Z  Í  A
K  O  A  N  T  C  L  O  É  Ó  T  I  R  D
T  Ö  N  Y  I  O  E  M  N  G  Á  F  M  É
F  C  N  X  K  L  A  R  B  É  R  E  T  M
C  U  G  Y  A  L  V  H  U  P  D  L  A  I
T  O  L  L  V  Ó  K  V  S  Z  R  A  N  A
O  B  L  O  H  T  L  A  Z  F  A  D  Á  I
H  Á  T  I  Z  S  Á  K  Z  I  G  A  R  U
O  K  T  A  T  Á  S  R  K  W  K  T  N  X
```

AKADÉMIAI	PAPÍR
KÖNYVTÁR	TOLL
BUSZ	CERUZA
SZÁMÍTÓGÉP	HÁTIZSÁK
NYELVTAN	OLLÓ
HÁZI FELADAT	CIPŐ
NAPTÁR	HÉTVÉGÉN
TANÁR	TUDOMÁNY
IRODALOM	MATEMATIKA
OKTATÁS	SZÓTÁR

38 - Oceaan

```
V R N A D T K P J H R S T G
S Z I V A C S O M E D Ú Z A
Z D E L F I N L R X C W B R
Á B U T P K V I H A R B R N
T I O K H C Á P A L L Á Á É
O K H Y K U E G M G R L K L
N O V A W C G F M A S N T A
Y S P I L A B J G N Ó A D R
S Z T K M A M R G G G H M Á
M T O C P C F B Z O H N X K
C R N T E K N Ő S L F A C I
Z I H W C W T J U N U I J G
M G A X W C Z X F A K B P Ó
Y A L Á R A P Á L Y X S X R
```

ANGOLNA	POLIP
ALGA	OSZTRIGA
HAJÓ	ZÁTONY
DELFIN	TEKNŐS
GARNÉLARÁK	SZIVACS
ÁRAPÁLY	VIHAR
CÁPA	TONHAL
KORALL	HAL
RÁK	BÁLNA
MEDÚZA	SÓ

39 - Landen #2

```
N  I  G  É  R  I  A  H  U  J  X  R  H  O
I  N  D  O  N  É  Z  I  A  A  Y  F  H  R
Í  R  O  R  S  Z  Á  G  L  P  V  D  W  O
U  O  L  I  B  É  R  I  A  Á  P  I  Y  S
S  Z  O  M  Á  L  I  A  E  N  W  G  N  Z
F  R  A  N  C  I  A  O  R  S  Z  Á  G  O
C  B  N  X  D  U  K  R  A  J  N  A  E  R
B  N  Z  P  O  Á  E  T  I  Ó  P  I  A  S
M  E  X  I  K  Ó  N  I  A  L  F  U  Y  Z
L  P  N  M  O  N  Y  I  I  M  A  G  J  Á
O  Á  Z  W  R  V  A  V  A  P  K  O  S  G
B  L  U  E  U  G  A  N  D  A  E  D  S  Z
S  Z  Í  R  I  A  L  I  B  A  N  O  N  Z
Z  G  Ö  R  Ö  G  O  R  S  Z  Á  G  P  M
```

DÁNIA
ETIÓPIA
FRANCIAORSZÁG
GÖRÖGORSZÁG
ÍRORSZÁG
INDONÉZIA
JAPÁN
KENYA
LAOSZ
LIBANON

LIBÉRIA
MEXIKÓ
NEPÁL
NIGÉRIA
UGANDA
UKRAJNA
OROSZORSZÁG
SZOMÁLIA
SZÍRIA

40 - Bloemen

```
G  L  Ó  H  E  R  E  J  L  O  S  M  O  A
P  O  G  U  L  Ó  S  Á  O  M  Z  A  P  A
C  I  L  B  N  Z  B  Z  Z  F  I  G  L  G
U  N  T  G  I  S  L  M  Á  K  R  N  U  A
M  D  K  Y  O  A  G  I  L  C  O  Ó  M  R
T  R  F  T  P  T  A  N  L  G  M  L  E  D
G  P  O  E  B  A  A  I  L  I  M  I  R  É
C  S  O  K  O  R  N  V  K  D  O  A  I  N
T  U  L  I  P  Á  N  G  I  N  M  M  A  I
L  E  V  E  N  D  U  L  A  R  V  C  Z  A
O  R  C  H  I  D  E  A  G  V  Á  E  E  N
H  I  B  I  S  Z  K  U  S  Z  Z  G  W  G
U  C  S  Á  Z  S  Z  O  R  S  Z  É  P
N  Á  R  C  I  S  Z  I  F  J  F  N  P  O
```

SZIROM	MAGNÓLIA
CSOKOR	NÁRCISZ
GARDÉNIA	ORCHIDEA
HIBISZKUSZ	PITYPANG
JÁZMIN	MÁK
LÓHERE	GOLGOTAVIRÁG
LEVENDULA	PLUMERIA
LILIOM	RÓZSA
SZÁZSZORSZÉP	TULIPÁN

41 - Huisdieren

```
G  M  K  Á  L  L  A  T  O  R  V  O  S  M
I  A  A  U  N  I  L  N  E  A  T  U  A  A
N  N  L  I  T  Z  E  C  G  H  A  L  L  C
Y  C  M  L  V  Y  O  D  É  C  É  N  D  S
Ú  S  N  G  É  R  A  P  R  I  C  N  R  K
L  O  J  E  L  R  H  Ö  R  C  S  Ö  G  A
X  K  K  X  R  S  F  I  U  A  G  Y  Í  K
É  L  E  L  M  I  S  Z  E  R  N  O  K  P
F  A  R  O  K  I  S  K  U  T  Y  A  E  A
V  S  F  Z  K  M  T  E  K  N  Ő  S  C  P
Í  D  K  Z  Y  R  T  X  N  R  G  Y  S  A
Z  N  J  T  V  J  B  X  S  Z  S  H  K  G
C  M  B  U  Y  Z  E  U  U  H  N  K  E  Á
C  R  U  R  H  L  W  X  R  K  T  L  O  J
```

ÁLLATORVOS	EGÉR
KECSKE	PAPAGÁJ
GYÍK	MANCSOK
HÖRCSÖG	KISKUTYA
KUTYA	TEKNŐS
MACSKA	FAROK
CICA	HAL
TEHÉN	ÉLELMISZER
NYÚL	VÍZ
GALLÉR	

42 - Landschappen

```
F  S  V  V  Z  G  H  V  Í  Z  E  S  É  S
É  T  U  C  U  J  E  J  J  D  A  W  H  I
L  R  L  A  F  S  G  J  É  D  Y  M  H  V
S  A  K  D  M  S  Y  W  Z  G  U  Ó  T  A
Z  N  Á  N  T  G  V  P  J  Í  H  C  P  T
I  D  N  M  D  L  X  B  T  Ó  R  E  A  A
G  V  J  C  O  E  E  F  T  N  Z  Á  G  G
E  Ö  P  S  M  C  N  C  U  Y  U  N  X  Y
T  L  T  H  B  C  S  O  N  F  O  L  Y  Ó
C  G  E  S  T  S  Z  Á  D  A  R  F  A  M
N  Y  N  Y  Z  E  I  Z  R  I  U  C  G  V
K  E  G  D  T  R  G  I  A  N  J  J  P  K
E  I  E  V  V  P  E  S  L  V  Y  P  Z  K
L  F  R  R  W  T  T  B  A  R  L  A  N  G
```

HEGY	ÓCEÁN
SZIGET	FOLYÓ
GEJZÍR	FÉLSZIGET
GLECCSER	STRAND
BARLANG	TUNDRA
DOMB	VÖLGY
JÉGHEGY	VULKÁN
TÓ	VÍZESÉS
MOCSÁR	SIVATAG
OÁZIS	TENGER

43 - Tuin

```
V N W G J P T M C W P L K R
F I E D F A V F K X I A K Z
D H R U U D R L M S V P E C
G B Y Á V N F P N Z T Á R T
F Y B Z G Y E P I I G T Í A
Ű F Ü G G Ő Á G Y K E R T V
T R A M B U L I N L R T É A
Z G H T Ö M L Ő Y Á E B S C
P Y X H E L N P D K B Z Z S
B O K O R R C F C R L Z Ő K
V M P S M W A S A P Y C L A
X O P J N P X S Ö B E G Ő I
W K G A R Á Z S Z S A S T L
V V O O X N E J Y C P B V L
```

PAD	GYOMOK
VIRÁG	SZIKLÁK
FA	LAPÁT
GYÜMÖLCSÖS	TÖMLŐ
GARÁZS	BOKOR
GYEP	TERASZ
FŰ	TRAMBULIN
FÜGGŐÁGY	KERT
GEREBLYE	TAVACSKA
KERÍTÉS	SZŐLŐ

44 - Katten

```
D W D C U D A C F K J W U J
F Ü G G E T L E N A V U N Á
É O I I E G V J S Ő R Ü L T
L X N K I S Á A Z V S O B É
É N V A D Á S Z Ő A Z B K K
N Y U T L H T H R D E J Í O
K E G R V C H F M Z M V V S
H K F Y V I C C E S É E Á C
P J N G O H W Y T Z L G N D
E C W B K R X M W D Y É C W
V E S B A L S B H D I R S Z
Z Y V B R L Y B K E S H I P
L B C N O G P A C B É X Y V
F K O A M A N C S V G F A A
```

SZŐRME	FÜGGETLEN
FONAL	SZEMÉLYISÉG
ŐRÜLT	MANCS
VICCES	ALVÁS
VADÁSZ	GYORS
KAROM	JÁTÉKOS
KIS	FAROK
EGÉR	FÉLÉNK
KÍVÁNCSI	VAD

45 - Beroepen #2

```
N  X  X  X  K  E  R  T  É  S  Z  X  S  P
Y  Y  I  L  L  U  S  Z  T  R  Á  T  O  R
O  X  E  G  T  W  T  P  K  O  M  A  R  V
M  H  X  L  A  T  O  A  G  J  B  N  V  I
O  P  T  U  V  Z  C  H  T  D  F  Á  O  P
Z  K  M  V  W  É  D  V  B  Ó  V  R  S  X
Ó  J  L  P  F  Z  S  A  I  F  L  X  Y  Y
R  P  O  S  O  W  Ű  Z  O  F  E  S  T  Ő
Ú  J  S  Á  G  Í  R  Ó  L  E  D  E  J  M
Z  Z  Z  U  O  T  H  L  Ó  D  N  B  K  É
C  Y  D  L  R  P  A  W  G  A  T  É  M  R
E  U  K  X  V  D  J  R  U  B  L  S  K  N
Y  T  H  F  O  T  Ó  S  S  P  V  Z  Z  Ö
P  I  C  Z  S  T  S  P  I  L  Ó  T  A  K
```

ORVOS
ŰRHAJÓS
BIOLÓGUS
GAZDA
SEBÉSZ
NYOMOZÓ
FOTÓS
ILLUSZTRÁTOR
MÉRNÖK

ÚJSÁGÍRÓ
TANÁR
NYELVÉSZ
KUTATÓ
PILÓTA
FESTŐ
FOGORVOS
KERTÉSZ

46 - Komedie

```
I  E  E  H  G  F  V  H  I  K  Z  M  K  S
S  M  T  E  L  E  V  Í  Z  I  Ó  Ű  Ö  Z
X  Ó  P  A  R  Ó  D  I  A  F  G  F  Z  Í
A  K  N  R  V  C  V  B  H  E  T  A  Ö  N
B  A  Z  T  O  N  G  O  K  J  V  J  N  É
G  V  V  F  I  V  I  C  C  E  K  M  S  S
O  V  O  G  N  A  I  C  L  Z  O  O  É  Z
V  S  Z  Í  N  É  S  Z  N  Ő  K  G  G  N
N  I  C  P  D  W  A  W  Á  G  O  O  B  E
W  Z  C  T  R  W  V  H  W  C  S  A  K  V
R  K  V  C  U  K  R  U  W  F  I  B  H  E
T  A  P  S  E  V  I  M  N  D  J  Ó  T  T
O  M  M  K  D  S  B  O  H  Ó  C  O  K  É
S  Z  Í  N  H  Á  Z  R  V  B  K  C  P  S
```

SZÍNÉSZ	HUMOR
SZÍNÉSZNŐ	IMPROVIZÁCIÓ
TAPS	PARÓDIA
BOHÓCOK	MÓKA
KIFEJEZŐ	KÖZÖNSÉG
NEVETÉS	OKOS
MŰFAJ	TELEVÍZIÓ
VICCEK	SZÍNHÁZ
VICCES	

47 - Dagen en Maanden

```
É C V S Z O M B A T N N J V
V M A Z L K Á V U D O A Ú A
P N D F P T R Y G T V P N S
R É O S X Ó C F U D E T I Á
C T N E D B I F S A M Á U R
B S I T E E U E Z H B R S N
S P Ü X E R S B T H E E V A
H É T T D K D R U L R M B P
É Ó E A Ö A H U S Z E R D A
T S N S W R W Á J A N U Á R
F L H A Z B T R J Ú L I U S
Ő Z J T P G Z Ö G F L V H A
A B B S M K S L K E D D V U
K D S Z E P T E M B E R S A
```

AUGUSZTUS	HÉTFŐ
KEDD	MÁRCIUS
CSÜTÖRTÖK	NOVEMBER
FEBRUÁR	OKTÓBER
ÉV	SZEPTEMBER
JANUÁR	PÉNTEK
JÚLIUS	HÉT
JÚNIUS	SZERDA
NAPTÁR	SZOMBAT
HÓNAP	VASÁRNAP

48 - Beeldende Kunsten

```
Ö M E P K S T E N C I L G P
S F B W E Z T M Ű V É S Z E
S E I B R O D O R K X W A R
Z S F L Á B U C L C P S Z S
E T A N M O D D E L A A L P
T M S Z I R A P O R T R É E
É É Z V A C R M E A U L F K
T N É D G É P Í T É S Z E T
E Y N C Y Z U V I A S Z A Í
L Y D L A K K B H T B L J V
H J A S G R F D H I G B Z A
J O M U Y É M K E R M L K T
B P M E S T E R M Ű M I W K
R J K R E A T I V I T Á S W
```

ÉPÍTÉSZET
MŰVÉSZ
SZOBOR
KREATIVITÁS
FILM
FASZÉN
KERÁMIA
AGYAG
KRÉTA
MESTERMŰ

TOLL
PERSPEKTÍVA
PORTRÉ
CERUZA
ÖSSZETÉTEL
FESTMÉNY
STENCIL
LAKK
VIASZ

49 - Menselijk Lichaam

```
B O K A D K K D F Ü L G N Á
D L M Y B X Ö W E L Á B Y L
R G U Y B J U N J W Y Á A L
N W M U Ő C R Y Y U H L K N
N N L O R R F E U Ö P L K Y
X G J P K X H L J V K K A E
S Z Á J K M J V J J A A G U
Z V É R G T W G V G I P Y Y
Í Á Y B U Y E N E H S O K V
V L K T K J O S I N C C E S
P L S É F I K M N U L S G N
J Z G R Z F D J O V F R E O
Z R D D T Y Z T Y R A B P S
B U N P D J J N Z D R Z C B
```

LÁB	ÁLL
VÉR	TÉRD
KÖNYÖK	GYOMOR
BOKA	SZÁJ
KÉZ	NYAK
SZÍV	ORR
AGY	FÜL
FEJ	VÁLL
BŐR	NYELV
ÁLLKAPOCS	UJJ

50 - Familie

```
Y  T  D  X  M  N  L  W  F  M  N  Ő  F  U
G  Y  E  R  M  E  K  K  O  R  É  S  E  N
U  D  L  S  O  X  A  A  C  H  N  W  L  O
M  E  L  A  T  P  I  N  C  J  I  Z  E  K
X  G  M  N  F  V  A  I  Y  O  X  T  S  A
N  E  K  D  K  R  É  K  O  U  U  G  É  H
A  P  A  N  Y  A  X  R  L  A  H  F  G  Ú
G  Y  E  R  M  E  K  E  K  Á  P  V  V  G
Y  E  V  C  U  N  O  K  A  S  N  A  C  Y
B  N  A  G  Y  A  P  A  X  T  V  Y  I  E
Á  N  A  G  Y  M  A  M  A  G  G  F  A  R
C  U  N  O  K  A  T  E  S  T  V  É  R  M
S  P  C  I  A  F  I  S  O  L  H  R  X  E
I  Y  S  A  T  H  U  N  O  K  Á  J  A  K
```

TESTVÉR	UNOKATESTVÉR
LÁNYA	UNOKAHÚG
NAGYMAMA	NAGYBÁCSI
GYERMEKKOR	NAGYAPA
GYERMEK	NÉNI
GYERMEKEK	IKREK
UNOKA	APA
UNOKÁJA	APAI
FÉRJ	ŐS
ANYA	FELESÉG

51 - Gebouwen

```
H  M  S  B  S  G  T  B  G  P  Y  S  N  L
E  Ú  Z  V  Á  A  X  B  M  A  L  T  A  A
Z  Z  Í  V  T  R  I  W  N  J  A  A  G  B
O  E  N  Á  O  Á  O  S  F  T  K  D  Y  O
E  U  H  R  R  Z  T  M  K  A  Á  I  K  R
G  M  Á  X  L  S  B  O  B  O  S  O  Ö  A
Y  Y  Z  K  Z  W  L  V  R  F  L  N  V  T
E  Z  G  H  S  Z  Á  L  L  O  D  A  E  Ó
T  M  H  C  P  G  Y  Á  R  J  N  B  T  R
E  G  A  Z  D  A  S  Á  G  A  K  Y  S  I
M  O  Z  I  J  K  Ó  R  H  Á  Z  J  É  U
D  X  V  K  A  B  I  N  U  Y  J  A  G  M
S  Z  U  P  E  R  M  A  R  K  E  T  U  E
V  R  H  L  B  H  F  S  G  C  X  S  I  Z
```

NAGYKÖVETSÉG	MÚZEUM
LAKÁS	ISKOLA
MOZI	PAJTA
GAZDASÁG	STADION
KABIN	SZUPERMARKET
GYÁR	SÁTOR
GARÁZS	SZÍNHÁZ
SZÁLLODA	TORONY
VÁR	EGYETEM
LABORATÓRIUM	KÓRHÁZ

52 - Kunst

```
K  F  V  H  S  Z  O  B  O  R  J  G  P  F
V  R  E  G  Y  S  Z  E  R  Ű  F  W  R  N
Ö  H  A  N  G  U  L  A  T  Á  R  G  Y  Y
S  S  S  H  U  K  Y  Ő  S  Z  I  N  T  E
S  Z  S  Z  P  L  I  O  C  R  C  U  D  K
Z  E  R  Z  I  S  I  F  V  C  L  S  A  E
E  M  S  X  E  M  H  H  E  B  U  U  M  R
T  É  X  K  N  T  B  X  I  J  K  J  B  Á
É  L  K  R  P  S  E  Ó  L  Z  E  I  Z  M
T  Y  O  B  K  R  T  L  W  U  Z  N  I
E  E  R  E  D  E  T  I  T  U  O  W  É  A
L  S  I  H  L  E  T  E  T  T  M  X  S  S
S  Z  Ü  R  R  E  A  L  I  Z  M  U  S  W
S  I  A  K  Ö  L  T  É  S  Z  E  T  O  P
```

SZOBOR	EREDETI
ÖSSZETETT	SZEMÉLYES
EGYSZERŰ	KÖLTÉSZET
ŐSZINTE	ÖSSZETÉTEL
IHLETETT	SZÜRREALIZMUS
HANGULAT	SZIMBÓLUM
KERÁMIA	KIFEJEZÉS
TÁRGY	

53 - Beroepen #1

Ü	V	Á	L	L	A	T	O	R	V	O	S	B	P
G	A	P	T	M	G	W	R	M	A	G	P	A	V
Y	D	O	S	É	Z	B	V	M	T	E	P	N	G
V	Á	L	J	Z	R	J	O	K	U	O	X	K	Y
É	S	Ó	É	O	I	K	S	O	D	L	S	Á	Ó
D	Z	K	K	N	Z	C	É	O	Ó	Ó	J	R	G
D	S	G	S	G	K	H	H	P	S	G	E	C	Y
F	T	Ű	Z	O	L	T	Ó	O	É	U	R	J	S
V	M	K	E	R	I	N	D	F	L	S	V	T	Z
Z	Y	M	R	I	V	G	L	B	Z	Ó	Z	S	E
U	U	I	É	S	Z	E	N	É	S	Z	G	A	R
W	L	C	S	T	Á	N	C	O	S	E	J	U	É
Y	F	M	Z	A	T	L	É	T	A	A	J	M	S
C	S	I	L	L	A	G	Á	S	Z	L	G	M	Z

ÜGYVÉD	ORVOS
GYÓGYSZERÉSZ	GEOLÓGUS
CSILLAGÁSZ	VADÁSZ
ATLÉTA	ÉKSZERÉSZ
BANKÁR	ZENÉSZ
TŰZOLTÓ	ZONGORISTA
TÉRKÉPÉSZ	PSZICHOLÓGUS
TÁNCOS	ÁPOLÓ
ÁLLATORVOS	TUDÓS

54 - Kastelen

S	Á	R	K	Á	N	Y	M	L	Ó	L	B	K	Y
P	L	B	K	K	F	E	L	O	V	A	G	A	S
D	H	I	G	C	O	E	M	B	B	L	Y	T	S
H	E	R	C	E	G	R	U	E	R	L	T	A	B
H	D	O	W	T	Y	Z	O	D	S	V	R	P	U
T	I	D	P	A	J	Z	S	N	Á	C	M	U	U
W	N	A	N	O	H	W	O	H	A	L	B	L	H
F	A	L	T	D	K	R	J	O	D	V	I	T	P
L	S	O	T	U	Z	I	O	L	D	T	P	S	A
B	Z	M	H	E	R	C	E	G	N	Ő	Á	K	L
Z	T	O	R	O	N	Y	L	P	O	E	N	A	O
K	I	R	Á	L	Y	S	Á	G	E	R	C	R	T
W	A	L	B	L	X	C	S	O	T	Ő	É	D	A
E	G	Y	S	Z	A	R	V	Ú	N	D	L	N	C

SÁRKÁNY	FAL
DINASZTIA	LÓ
NEMES	PALOTA
EGYSZARVÚ	HERCEG
FEUDÁLIS	HERCEGNŐ
ERŐD	LOVAG
PÁNCÉL	BIRODALOM
KATAPULT	PAJZS
KIRÁLYSÁG	TORONY
KORONA	KARD

55 - Insecten

```
S  Z  Ú  N  Y  O  G  B  E  A  S  D  Z  H
Á  Z  X  E  N  C  G  S  O  H  F  W  O  A
S  C  I  S  C  T  V  S  A  G  Y  T  B  N
K  X  R  T  D  S  E  A  C  E  Á  E  L  G
A  J  F  D  A  M  O  L  Y  V  K  R  E  Y
F  L  I  J  R  K  R  E  N  K  W  M  V  A
K  Á  J  U  Á  G  Ö  X  N  L  G  E  É  M
X  R  H  C  Z  Z  G  T  R  F  E  S  L  L
T  V  J  S  S  W  Y  C  Ő  O  E  Z  T  B
K  A  B  Ó  C  A  S  Z  Ö  C  S  K  E  O
U  H  O  T  B  M  U  Z  T  V  P  S  T  L
J  Y  C  Á  W  F  É  R  E  G  V  M  Ű  H
U  O  M  N  X  K  Z  H  B  I  C  H  B  A
T  R  K  Y  P  I  L  L  A  N  G  Ó  O  C
```

SÁSKA
MÉH
LEVÉLTETŰ
KABÓCA
CSÓTÁNY
BOGÁR
LÁRVA
SZITAKÖTŐ
HANGYA

MOLY
SZÚNYOG
SZÖCSKE
TERMESZ
PILLANGÓ
BOLHA
DARÁZS
FÉREG

56 - Antarctica

```
M  I  G  R  Á  C  I  Ó  H  E  E  U  E  F
M  F  S  Z  I  G  E  T  E  K  X  O  X  É
E  Ö  P  K  U  T  A  T  Ó  N  D  G  P  L
G  L  F  I  I  J  Y  K  Ö  B  Ö  L  E  S
Ő  D  E  L  N  É  A  T  G  O  I  E  D  Z
R  R  L  H  R  G  R  G  B  C  B  C  Í  I
Z  A  H  B  E  J  V  Í  Z  P  G  C  C  G
É  J  Ő  I  Z  S  Z  I  K  L  Á  S  I  E
S  Z  K  O  A  D  L  H  N  H  X  E  Ó  T
H  Ő  M  É  R  S  É  K  L  E  T  R  E  A
T  O  P  O  G  R  Á  F  I  A  K  E  H  E
O  H  N  J  D  F  M  R  C  C  R  K  L  E
H  D  R  Y  E  U  A  E  B  A  T  J  P  K
O  P  J  K  A  Z  W  J  F  S  E  X  H  K
```

ÖBÖL	PINGVINEK
MEGŐRZÉS	SZIKLÁS
SZIGETEK	FÉLSZIGET
EXPEDÍCIÓ	FAJ
FÖLDRAJZ	HŐMÉRSÉKLET
GLECCSEREK	TOPOGRÁFIA
JÉG	VÍZ
MIGRÁCIÓ	FELHŐK
KUTATÓ	

57 - Ballet

```
G Y A K O R L A T Y Z P I K
I Z M O K Z I O D N E R N O
T Á N C O S O K K K N Ó T R
K É S Z S É G M Ö E E B E E
U Z H U I L M M Z C S A N O
T E C H N I K A Ö S Z G Z G
A N I B G S O L N E E B I R
P E G E S Z T U S S R F T Á
S K P K S M Ű V É S Z I Á F
A A C Z E N E G G G Ő D S I
B R K I F E J E Z Ő Y Y C A
S T Í L U S P U D W J N Z X
H R J L P M Y R I T M U S N
B A L E R I N A O B A P I L
```

TAPS
MŰVÉSZI
BALERINA
KOREOGRÁFIA
ZENESZERZŐ
TÁNCOSOK
KIFEJEZŐ
GESZTUS
INTENZITÁS
ZENE

ZENEKAR
GYAKORLAT
KÖZÖNSÉG
PRÓBA
RITMUS
KECSES
IZMOK
STÍLUS
TECHNIKA
KÉSZSÉG

58 - Vissen

U	B	É	T	N	V	B	K	P	W	L	C	M	X
S	G	H	V	O	N	A	M	B	N	M	S	R	G
Z	D	O	D	S	T	R	A	N	D	V	A	C	G
O	E	R	B	L	Z	N	T	Ü	R	E	L	E	M
N	Á	O	Ó	C	I	A	Ó	M	W	Y	I	C	T
Y	L	G	D	T	J	V	K	P	T	G	S	S	N
O	L	F	E	L	S	Z	E	R	E	L	É	S	C
K	K	O	P	O	L	T	Y	Ú	K	O	S	Á	R
V	A	K	B	C	K	L	W	R	Y	E	Z	X	H
D	P	O	G	S	J	D	V	X	H	H	A	J	Ó
F	O	L	Y	Ó	Ú	G	A	H	R	Z	K	K	C
E	C	X	R	T	Z	L	F	I	O	W	Á	J	E
B	S	C	I	V	Í	Z	Y	O	P	Z	C	T	Á
T	Ú	L	Z	Á	S	A	V	N	U	M	S	V	N

CSALI
FELSZERELÉS
HAJÓ
DRÓT
TÜRELEM
SÚLY
HOROG
ÁLLKAPOCS
KOPOLTYÚK
SZAKÁCS

KOSÁR
TÓ
ÓCEÁN
TÚLZÁS
FOLYÓ
ÉVSZAK
STRAND
USZONYOK
VÍZ

59 - Fruit

```
N A H V P S Z I L V A B Y C
Ő S Z I B A R A C K N O K S
N S P X M U P E C A A G Ó E
T M Á N E K T A R I N Y K R
R R G R V G S M J D Á Ó U E
J I B J G K B N Á A S P S S
B A N Á N A L A S L Z E Z Z
D I N N Y E B R B N N Z D N
A L M A S K J A Z A U A I Y
V H A E Z Ö T N R U J S Ó E
D A N V Ő R N C K A C A G T
E P G D L T N S I G C A T C
Z J Ó H Ő E W O V G A K H X
A V O K Á D Ó C I T R O M W
```

SÁRGABARACK	KIVI
ANANÁSZ	KÓKUSZDIÓ
ALMA	MANGÓ
AVOKÁDÓ	DINNYE
BANÁN	NEKTARIN
BOGYÓ	NARANCS
CITROM	PAPAJA
SZŐLŐ	KÖRTE
MÁLNA	ŐSZIBARACK
CSERESZNYE	SZILVA

60 - Literatuur

```
K  M  M  W  H  F  O  N  L  E  Í  R  Á  S
Ö  P  É  L  E  T  R  A  J  Z  A  I  P  T
V  P  D  V  B  A  N  E  K  D  O  T  A  Í
E  Á  M  E  T  A  F  O  R  A  N  M  O  L
T  R  Í  M  R  S  L  E  A  Y  A  U  R  U
K  B  E  G  A  Z  V  E  H  B  R  S  O  S
E  E  L  G  G  R  E  F  I  K  C  I  Ó  X
Z  S  E  O  É  B  R  X  P  T  D  U  O  C
T  Z  M  M  D  N  S  K  A  X  É  C  B  N
E  É  Z  X  I  Y  Y  Ö  J  L  C  M  V  X
T  D  É  P  A  N  A  L  Ó  G  I  A  A  U
É  B  S  U  E  R  Z  T  S  Z  E  R  Z  Ő
S  S  X  O  L  E  R  Ő  E  G  F  B  W  P
U  A  N  J  Z  U  A  I  M  V  I  K  D  K
```

ANALÓGIA	METAFORA
ELEMZÉS	LEÍRÁS
ANEKDOTA	KÖLTŐI
SZERZŐ	RÍM
ÉLETRAJZ	RITMUS
KÖVETKEZTETÉS	REGÉNY
PÁRBESZÉD	STÍLUS
FIKCIÓ	TÉMA
VERS	TRAGÉDIA

61 - Technologie

```
I  I  S  T  A  T  I  S  Z  T  I  K  A  B
Z  J  U  K  F  K  N  Z  J  Z  I  I  M  E
K  H  J  L  Z  U  T  Á  F  Á  J  L  C  T
K  B  W  B  V  T  E  M  V  J  U  B  L  Ű
A  É  L  Y  G  A  R  Í  I  W  C  Ö  K  T
M  B  P  O  R  T  N  T  R  X  S  N  V  Í
E  A  K  E  G  Á  E  Ó  T  M  H  G  K  P
R  F  E  M  R  S  T  G  U  B  P  É  U  U
A  G  R  F  C  N  W  É  Á  Y  E  S  R  S
Ü  Z  E  N  E  T  Y  P  L  B  K  Z  Z  Y
N  V  Í  R  U  S  D  Ő  I  A  Á  Ő  O  J
D  I  G  I  T  Á  L  I  S  A  U  J  R  R
B  I  Z  T  O  N  S  Á  G  H  K  G  T  Z
S  Z  O  F  T  V  E  R  O  X  A  D  A  T
```

ÜZENET	INTERNET
FÁJL	BETŰTÍPUS
BLOG	KUTATÁS
BÖNGÉSZŐ	KÉPERNYŐ
BÁJT	SZOFTVER
KAMERA	STATISZTIKA
SZÁMÍTÓGÉP	BIZTONSÁG
KURZOR	VIRTUÁLIS
DIGITÁLIS	VÍRUS
ADAT	

62 - Boeken

```
L  W  I  F  B  I  T  Ö  R  T  É  N  E  T
U  J  D  Y  Y  R  R  L  R  Ö  N  T  T  K
Í  V  E  X  I  O  N  A  R  R  Á  T  O  R
K  R  V  Y  F  D  J  O  F  T  A  K  V  G
E  K  O  R  T  A  L  Á  L  É  K  O  N  Y
T  A  N  T  U  L  N  H  T  N  Ö  N  D  Ű
T  L  A  R  T  M  Y  M  R  E  L  T  T  J
Ő  A  T  D  Z  I  J  B  É  L  T  E  E  T
S  N  K  G  H  I  A  I  F  M  É  X  P  E
S  D  O  L  D  A  L  L  Á  I  S  T  I  M
É  S  Z  E  R  Z  Ő  V  S  K  Z  U  K  É
G  D  Ó  N  V  E  R  S  Y  I  E  S  U  N
T  R  A  G  I  K  U  S  C  S  T  S  S  Y
O  L  V  A  S  Ó  R  E  G  É  N  Y  Y  K
```

SZERZŐ	TRÉFÁS
KALAND	TALÁLÉKONY
OLDAL	OLVASÓ
GYŰJTEMÉNY	IRODALMI
KONTEXTUS	KÖLTÉSZET
KETTŐSSÉG	IDE VONATKOZÓ
EPIKUS	REGÉNY
VERS	TRAGIKUS
ÍROTT	TÖRTÉNET
TÖRTÉNELMI	NARRÁTOR

63 - Meer Informatie

```
F  U  T  U  R  I  S  Z  T  I  K  U  S  P
S  T  Y  Ű  I  C  F  G  A  L  A  X  I  S
Z  Ó  O  P  Z  S  J  Ó  S  L  A  T  Z  E
É  P  L  K  W  R  E  J  T  É  L  Y  E  S
L  I  K  É  P  Z  E  L  E  T  B  E  L  I
S  A  M  V  E  A  H  H  C  D  O  R  Z  V
Ő  S  C  O  Y  V  D  T  H  E  L  O  W  I
S  A  S  S  Z  L  Z  S  N  K  Y  B  R  L
É  R  E  Á  L  I  S  F  O  Y  G  B  B  Á
G  I  L  L  Ú  Z  I  Ó  L  B  Ó  A  A  G
E  A  F  O  R  G  A  T  Ó  K  Ö  N  Y  V
S  K  Ö  N  Y  V  E  K  G  J  G  Á  T  I
F  A  N  T  A  S  Z  T  I  K  U  S  G  L
H  D  Y  S  T  O  P  I  A  L  M  E  X  I
```

MOZI	REJTÉLYES
KÖNYVEK	JÓSLAT
TŰZ	BOLYGÓ
KÉPZELETBELI	REÁLIS
DYSTOPIA	FORGATÓKÖNYV
ROBBANÁS	GALAXIS
SZÉLSŐSÉGES	TECHNOLÓGIA
FANTASZTIKUS	UTÓPIA
FUTURISZTIKUS	VILÁG
ILLÚZIÓ	

64 - Regenwoud

```
F  T  É  W  A  I  F  U  S  R  E  G  M  A
N  I  G  R  O  V  A  R  O  K  B  E  E  B
F  S  H  K  P  G  J  B  M  B  T  O  N  O
E  Z  A  Ö  P  T  E  R  M  É  S  Z  E  T
L  T  J  Z  P  Ú  E  F  O  W  C  M  D  A
H  E  L  Ö  K  L  U  C  T  J  D  Z  É  N
Ő  L  A  S  D  É  K  M  O  H  A  C  K  I
K  E  T  S  K  L  T  M  A  D  A  R  A  K
O  T  G  É  H  É  W  É  I  V  B  D  F  A
D  E  U  G  R  S  C  K  L  I  N  R  X  H
J  D  Z  S  U  N  G  E  L  T  X  L  V  K
É  R  T  É  K  E  S  J  R  R  Ű  T  A  C
S  O  K  F  É  L  E  S  É  G  N  E  Y  Y
M  E  G  Ő  R  Z  É  S  V  O  K  I  K  W
```

KÉTÉLTŰEK	TERMÉSZET
MEGŐRZÉS	TÚLÉLÉS
BOTANIKA	TISZTELET
SOKFÉLESÉG	FAJ
KÖZÖSSÉG	MENEDÉK
ROVAROK	MADARAK
DZSUNGEL	ÉRTÉKES
ÉGHAJLAT	FELHŐK
MOHA	

65 - Haartypes

```
E  G  É  S  Z  S  É  G  E  S  Z  L  V  K
J  F  X  F  K  X  E  O  K  F  N  J  É  O
S  Z  Ü  R  K  E  G  R  Ö  V  I  D  K  P
G  Ö  N  D  Ö  R  N  F  J  D  A  J  O  A
X  O  D  R  P  Z  P  H  V  H  W  T  N  S
S  Z  Í  N  E  S  L  U  R  M  U  J  Y  Z
T  W  H  F  F  V  P  L  H  Y  B  N  D  B
H  U  J  Ü  E  A  N  L  B  A  R  N  A  E
F  S  E  R  K  S  Z  Á  R  A  Z  Y  O  C
E  C  U  T  E  T  X  M  H  O  S  S  Z  Ú
H  Z  P  Ö  T  A  Z  O  M  E  G  V  O  A
É  I  Ü  K  E  G  B  S  F  E  J  B  Ő  R
R  B  C  S  Z  Ő  K  E  N  U  E  P  G  F
F  O  N  O  T  T  D  W  X  F  A  B  U  Z
```

SZŐKE	FEJBŐR
BARNA	KOPASZ
VASTAG	RÖVID
SZÁRAZ	FÜRTÖK
VÉKONY	GÖNDÖR
SZÍNES	HOSSZÚ
FONOTT	FEHÉR
EGÉSZSÉGES	PUHA
HULLÁMOS	EZÜST
SZÜRKE	FEKETE

66 - Stad

```
B  K  S  Z  Í  N  H  Á  Z  S  H  C  G  K
A  L  Y  Z  C  K  G  C  J  T  F  K  Y  Ö
N  I  Y  M  Á  C  F  C  E  A  P  Ö  Ó  N
K  N  W  O  A  L  D  B  N  D  É  N  G  Y
N  I  S  G  T  R  L  T  U  I  K  Y  Y  V
I  K  P  W  N  E  Y  O  P  O  S  V  S  E
P  A  E  Y  X  F  B  P  D  N  É  T  Z  S
E  I  S  K  O  L  A  I  M  A  G  Á  E  B
P  G  A  L  É  R  I  A  C  O  V  R  R  O
F  S  Y  B  O  L  T  C  X  P  Z  Y  T  L
U  V  R  E  P  Ü  L  Ő  T  É  R  I  Á  T
Á  L  L  A  T  K  E  R  T  Z  I  Z  R  Z
I  S  Z  U  P  E  R  M  A  R  K  E  T  M
U  Z  L  S  J  G  M  Ú  Z  E  U  M  R  S
```

GYÓGYSZERTÁR	REPÜLŐTÉR
PÉKSÉG	PIAC
BANK	MÚZEUM
KÖNYVTÁR	ISKOLA
MOZI	STADION
KÖNYVESBOLT	SZUPERMARKET
ÁLLATKERT	SZÍNHÁZ
GALÉRIA	EGYETEM
SZÁLLODA	BOLT
KLINIKA	

67 - Natuur

```
S  Z  E  N  T  É  L  Y  M  E  H  S  E  L
L  C  D  C  C  C  D  G  E  R  Ó  Z  I  Ó
Á  L  L  A  T  O  K  J  N  D  F  I  X  P
G  L  E  C  C  S  E  R  E  Ő  O  K  Ö  D
I  F  E  L  H  Ő  K  D  D  K  L  L  T  E
T  T  R  Ó  P  U  S  I  É  S  Y  Á  T  R
P  R  D  F  B  O  S  N  K  I  Ó  K  T  Ű
E  L  O  M  B  O  Z  A  T  V  P  E  F  S
M  É  H  E  K  F  É  M  C  A  M  A  L  V
W  C  H  N  V  G  P  I  G  T  R  I  L  Y
K  X  J  G  B  T  S  K  T  A  P  V  A  D
F  Y  F  X  C  O  É  U  Y  G  A  J  X  O
M  I  J  G  K  R  G  S  P  F  G  K  R  I
P  E  B  U  S  A  R  K  V  I  D  É  K  I
```

SARKVIDÉKI	KÖD
MÉHEK	FOLYÓ
ERDŐ	SZÉPSÉG
ÁLLATOK	MENEDÉK
DINAMIKUS	DERŰS
ERÓZIÓ	TRÓPUSI
LOMBOZAT	VAD
GLECCSER	SIVATAG
SZENTÉLY	FELHŐK
SZIKLÁK	

68 - Dinosaurussen

```
G  I  M  M  I  N  D  E  N  E  V  Ő  T  Z
R  O  F  P  É  B  R  O  O  D  H  S  F  S
A  X  N  H  V  R  R  L  D  A  A  K  O  Á
P  B  O  O  V  O  E  R  Ő  S  H  O  S  K
T  K  G  M  S  D  L  T  C  J  Ü  R  S  M
O  O  U  S  K  Z  T  Z  R  F  L  I  Z  Á
R  O  M  F  T  V  Ű  L  E  O  L  C  Í  N
M  F  N  Ö  V  É  N  Y  E  V  Ő  F  L  Y
F  A  Z  L  U  O  É  L  T  D  N  F  I  V
M  J  M  D  M  H  S  U  Z  T  T  A  Á  F
E  T  U  U  N  A  G  Y  M  B  E  R  K  L
H  X  H  A  T  A  L  M  A  S  I  O  R  P
E  V  O  L  Ú  C  I  Ó  K  L  M  K  K  G
S  Z  Á  R  N  Y  A  K  H  Ú  S  E  V  Ő
```

FÖLD	MINDENEVŐ
HÚSEVŐ	ŐSKORI
HATALMAS	ZSÁKMÁNY
EVOLÚCIÓ	HÜLLŐ
FOSSZÍLIÁK	RAPTOR
NAGY	FAJ
MÉRET	FAROK
NÖVÉNYEVŐ	ELTŰNÉS
ERŐS	GONOSZ
MAMUT	SZÁRNYAK

69 - Zoogdieren

```
D E L F I N X H C U F S N G
K L Ó O N M H Ó R A A B J N
K E N G U R U D R R R T I Y
K F C L M A J O M Ó K T P Ú
C Á O S Z A M Á R K A P P L
Y N R A K P M A V A S B A T
Y T E K A E G T C S Z Á J C
K E V T C F O R O S Z L Á N
I U T E V E R H T O K N Y Z
P G T B P F I A F X F A S S
B B W Y A X L R H H M A P I
I U K G A B L A H P B M E R
K F M C U K A J P J S W N Á
A G P R É R I F A R K A S F
```

MAJOM	KENGURU
HÓD	MACSKA
PRÉRIFARKAS	NYÚL
DELFIN	OROSZLÁN
SZAMÁR	ELEFÁNT
KECSKE	LÓ
ZSIRÁF	BIKA
GORILLA	RÓKA
KUTYA	BÁLNA
TEVE	FARKAS

70 - 1 Jaar Geleden

```
F  M  B  H  O  E  N  T  I  I  V  V  H  S
Ü  E  C  Ö  A  K  Z  V  H  Y  D  I  A  Z
G  G  Y  P  L  S  F  X  C  O  V  C  T  E
G  B  M  R  R  C  Z  S  E  V  I  C  É  N
E  Í  Ű  X  T  R  S  N  N  I  N  E  K  V
T  Z  V  B  Á  J  O  S  O  Z  T  S  O  E
L  H  É  Z  C  Ó  H  A  J  S  E  Z  N  D
E  A  S  S  M  Z  A  M  R  O  L  E  Y  É
N  T  Z  H  Y  D  M  I  Y  S  L  R  I  L
S  Ó  I  K  Í  V  Á  N  C  S  I  É  R  Y
T  I  S  Z  T  A  B  E  T  E  G  N  N  E
N  A  G  Y  L  E  L  K  Ű  S  E  Y  C  S
G  Y  A  K  O  R  L  A  T  I  N  X  W  G
A  V  V  D  Ö  N  T  Ő  W  K  S  Z  E  L
```

MŰVÉSZI	VICCES
HASZNOS	NAGYLELKŰ
SZERÉNY	INTELLIGENS
DÖNTŐ	KÍVÁNCSI
MEGBÍZHATÓ	FÜGGETLEN
BÁJOS	BETEG
HATÉKONY	GYAKORLATI
SZENVEDÉLYES	TISZTA
JÓ	BÖLCS

71 - Kampioenschap

```
D  Ö  N  T  Ő  S  J  Á  T  É  K  O  K  É
M  K  L  B  G  Y  Ő  Z  E  L  E  M  E  R
I  Z  Z  A  D  Á  S  M  X  F  O  R  D  E
T  E  L  J  E  S  Í  T  M  É  N  Y  Z  M
O  N  É  N  O  P  T  N  C  J  G  S  Ő  R
R  C  L  O  S  L  X  R  C  S  A  P  A  T
N  Y  E  K  M  U  S  O  A  H  D  O  E  H
A  S  G  D  N  X  A  T  Y  T  U  R  B  F
J  U  E  L  O  W  M  U  H  U  É  T  M  L
L  B  Z  F  I  H  B  I  S  W  S  G  I  C
M  V  N  L  B  G  X  Í  X  N  Y  V  I  J
V  Z  I  O  I  X  A  T  R  A  M  C  M  A
B  A  J  N  O  K  S  Á  G  Ó  K  J  R  I
M  O  T  I  V  Á  C  I  Ó  X  I  X  Z  Z
```

LÉLEGEZNI	BÍRÓ
DÖNTŐS	SPORT
JÁTÉKOK	STRATÉGIA
BAJNOK	CSAPAT
BAJNOKSÁG	TORNA
LIGA	EDZŐ
ÉREM	IZZADÁS
MOTIVÁCIÓ	GYŐZELEM
TELJESÍTMÉNY	

72 - Exploratie

```
I  T  E  V  É  K  E  N  Y  S  É  G  N  K
M  Z  V  E  S  Z  É  L  Y  E  S  U  Y  I
E  N  G  T  Á  V  O  L  I  X  X  T  E  M
G  I  F  A  H  D  A  V  X  S  W  A  L  E
H  S  E  N  L  A  K  B  E  D  D  Z  V  R
A  M  L  U  J  O  T  N  V  E  G  Á  V  Ü
T  E  F  L  B  G  M  D  T  U  D  S  A  L
Á  R  E  N  Á  K  U  L  T  Ú  R  Á  K  T
R  E  D  I  T  É  R  T  V  A  D  G  O  S
O  T  E  G  O  N  K  U  E  H  G  P  W  É
Z  L  Z  H  R  I  P  A  R  R  N  I  A  G
Á  E  É  R  S  U  B  P  N  U  E  R  Ú  P
S  N  S  U  Á  L  L  A  T  O  K  P  B  J
L  B  D  H  G  V  E  S  Z  É  L  Y  E  K
```

TEVÉKENYSÉG	FELFEDEZÉS
MEGHATÁROZÁS	IZGALOM
KULTÚRÁK	UTAZÁS
ÁLLATOK	TÉR
VESZÉLYES	NYELV
VESZÉLYEK	TEREP
TANULNI	KIMERÜLTSÉG
BÁTORSÁG	TÁVOLI
ÚJ	VAD
ISMERETLEN	

73 - Voertuigen

```
U T H C T C S G W Z F J H L
F H A J Ó R O B O G Ó D H E
U O G X T A A R M E T R Ó T
R H U R I L A K Ó K O C S I
G E M A H M E N T Ő A U T Ó
O L I K X O I V X O B U S Z
N I K É S T J U M N R Y L P
I K U T V O O L V N D N R I
P O U A D R E L F O K O M P
X P J N C K A M I O N E V X
N T T U T A J A H T C A V N
K E R É K P Á R L A X U T S
M R E P Ü L Ő G É P J T W W
M M L F K A E Y N Y E Ó T I
```

MENTŐAUTÓ

AUTÓ

GUMIK

FURGON

HAJÓ

BUSZ

LAKÓKOCSI

KERÉKPÁR

HELIKOPTER

METRÓ

MOTOR

RAKÉTA

ROBOGÓ

TAXI

TRAKTOR

VONAT

KOMP

REPÜLŐGÉP

TUTAJ

KAMION

74 - Geografie

```
S  C  V  I  D  É  K  E  C  H  B  C  T  M
Y  K  E  I  M  E  R  I  D  I  Á  N  E  A
C  T  F  O  L  Y  Ó  D  É  O  U  Y  N  G
Y  D  O  G  A  Á  X  R  L  L  M  O  G  A
S  Z  I  G  E  T  G  D  J  N  B  U  E  S
É  S  Z  A  K  G  L  B  I  X  G  M  R  S
F  V  Á  R  O  S  Y  A  S  B  Z  O  M  Á
É  S  S  H  N  O  O  E  S  V  C  H  N  G
L  P  Y  B  T  R  N  J  N  Z  E  F  B  X
T  J  F  F  I  S  K  I  I  L  S  S  K  V
E  A  I  H  N  Z  P  L  E  I  Í  E  L  H
K  B  Ó  C  E  Á  N  Y  U  G  A  T  U  E
E  S  K  N  N  G  T  É  R  K  É  P  Ő  G
A  D  H  V  S  Z  É  L  E  S  S  É  G  Y
```

ATLASZ	MERIDIÁN
HEGY	ÉSZAK
SZÉLESSÉG	ÓCEÁN
KONTINENS	VIDÉK
SZIGET	FOLYÓ
EGYENLÍTŐ	VÁROS
FÉLTEKE	VILÁG
MAGASSÁG	NYUGAT
TÉRKÉP	TENGER
ORSZÁG	DÉL

75 - Kunstbenodigdheden

```
F E S T Ő Á L L V Á N Y R X
A K V A R E L L E K E Z X C
I Z P B U T O H L J J F V E
B L A S Z T A L A G Y A G R
P G S Z Í N E K A U N S G U
W D Z T I N T A U J B Z X Z
K M T R E C S E T E K É Z Á
K R E A T I V I T Á S N D K
S O L G T F E S T É K E K R
Z L L A I P K T E P W Y S A
É P Y S K K A M E R A R E D
K Z B Z D R L L N C J P V Í
R N X T G L I K A I R P Í R
Y U L Ó T G J L J H M G Z R
```

AKRIL	SZÍNEK
AKVARELLEK	RAGASZTÓ
ECSETEK	OLAJ
KAMERA	PAPÍR
KREATIVITÁS	PASZTELL
FESTŐÁLLVÁNY	CERUZÁK
RADÍR	SZÉK
FASZÉN	ASZTAL
TINTA	FESTÉKEK
AGYAG	VÍZ

76 - Barbecues

```
S C P A R A D I C S O M H B
Ó A S Z Ó S Z N I N R F S D
D H L A P Z N W K X C K B W
H F N Á L N N B E V M C R O
A O V W T Á K W C I E B É D
G R I L L Á D H S L G B Y C
Y R L W U T K R I L H T F G
M Ó A V A C S O R A Í F H H
A I G L X N X I K L V T B N
H K U P A J D R E É Á P O Y
X P D G Y Ü M Ö L C S Z R Á
É H S É G Z S H Y B A E S R
K G U G N W B M B M Y N K B
L P C C Z Ö L D S É G E K E
```

VACSORA	ZENE
CSALÁD	BORS
GYÜMÖLCS	SALÁTÁK
GRILL	SZÓSZ
ZÖLDSÉGEK	PARADICSOM
FORRÓ	HAGYMA
ÉHSÉG	MEGHÍVÁS
CSIRKE	VILLA
EBÉD	NYÁR
KÉSEK	SÓ

77 - Wetenschappelijke Discip

```
Á A N A T Ó M I A X M M T S
S B I O K É M I A M E E E Z
V R H R E X U B K B C T R O
Á O G J X Y R P É O H E M C
N B C E W H O P M T A O O I
Y O B I O L Ó G I A N R D O
T T Y Y J L N Y A N I O I L
A I K V O E Ó D F I K L N Ó
N K A J F L H G A K A Ó A G
Y A Ö K O L Ó G I A I G M I
F I Z I O L Ó G I A E I I A
N E U R O L Ó G I A M A K D
P F F H R É G É S Z E T A A
I M M U N O L Ó G I A C W S
```

ANATÓMIA
RÉGÉSZET
BIOKÉMIA
BIOLÓGIA
KÉMIA
ÖKOLÓGIA
FIZIOLÓGIA
GEOLÓGIA
IMMUNOLÓGIA

MECHANIKA
METEOROLÓGIA
ÁSVÁNYTAN
NEUROLÓGIA
BOTANIKA
ROBOTIKA
SZOCIOLÓGIA
TERMODINAMIKA

78 - Bijvoeglijke Naamwoorden

```
Á  K  J  O  G  V  N  I  W  C  Y  G  H  S
J  L  V  E  É  I  B  B  K  X  C  H  P  D
B  Z  M  E  H  I  T  E  L  E  S  S  B  E
Ü  K  É  O  E  G  É  S  Z  S  É  G  E  S
S  R  R  C  S  L  E  Í  R  Ó  V  P  E  E
Z  E  D  K  Y  G  D  F  Á  R  A  D  T  R
K  A  E  W  U  I  R  F  E  A  D  H  V  Ő
E  T  K  M  G  I  Á  Ú  J  L  F  A  I  S
N  Í  E  T  E  R  M  É  S  Z  E  T  E  S
V  V  S  D  D  Y  A  X  C  E  P  L  A  C
T  I  S  Z  T  A  I  V  N  N  A  L  Ő  X
T  E  R  M  E  L  Ő  C  V  R  S  B  E  S
N  O  R  M  Á  L  A  P  W  L  Ó  G  R  G
T  E  H  E  T  S  É  G  E  S  S  E  P  L
```

HITELES	ÚJ
TEHETSÉGES	NORMÁL
LEÍRÓ	TERMELŐ
KREATÍV	ÁLMOS
DRÁMAI	ERŐS
EGÉSZSÉGES	BÜSZKE
ÉHES	FELELŐS
ÉRDEKES	VAD
FÁRADT	SÓS
TERMÉSZETES	TISZTA

79 - Kleding

```
W  D  P  U  T  J  A  V  X  B  B  D  Y  K
P  I  Z  S  A  M  A  X  A  L  L  K  N  A
T  M  Y  S  W  I  J  C  B  Ú  J  E  A  R
B  E  N  C  E  X  Z  E  H  Z  S  S  D  K
N  K  N  Y  A  K  L  Á  N  C  Z  Z  R  Ö
S  X  X  M  L  U  I  N  G  V  A  T  Á  T
F  Z  W  K  K  Ö  T  É  N  Y  N  Y  G  Ő
R  W  O  B  T  V  D  K  J  D  D  Ű  O  Y
C  Y  B  K  A  L  A  P  N  L  Á  S  Á  L
R  U  H  A  N  E  X  A  U  D  L  N  P  O
N  T  D  B  Z  Y  Z  O  K  N  I  O  J  L
G  F  Z  Á  J  I  A  C  I  P  Ő  V  M  J
T  T  I  T  I  Y  D  G  P  C  U  K  A  O
P  U  L  Ó  V  E  R  L  H  X  H  W  B  T
```

KARKÖTŐ	PIZSAMA
BLÚZ	ÖV
NADRÁG	SZOKNYA
KESZTYŰ	SZANDÁL
KALAP	CIPŐ
KABÁT	KÖTÉNY
DZSEKI	ING
RUHA	SÁL
NYAKLÁNC	ZOKNI
DIVAT	PULÓVER

80 - Vliegtuigen

```
H  A  J  Ó  Z  I  K  S  R  M  J  D  C  K
H  I  D  R  O  G  É  N  P  I  L  Ó  T  A
Ü  Z  E  M  A  N  Y  A  G  P  L  Z  P  L
S  Z  Á  R  M  A  Z  Á  S  F  X  K  V  A
L  W  D  J  L  L  R  J  I  R  Á  N  Y  N
E  L  K  M  L  E  V  E  G  Ő  X  E  B  D
S  P  U  T  A  S  G  B  D  A  D  W  A  T
Z  G  S  É  I  G  L  É  G  K  Ö  R  L  E
Á  M  W  P  Z  L  A  G  N  N  P  A  L  R
L  N  O  Í  B  L  W  S  V  Y  N  Z  O  V
L  H  W  T  Y  L  O  Y  S  G  S  V  N  E
Á  C  V  É  O  Z  G  G  W  Á  B  É  F  Z
S  U  C  S  E  R  H  A  K  Z  G  G  G  É
C  T  U  R  B  U  L  E  N  C  I  A  M  S
```

SZÁRMAZÁS	LEVEGŐ
LÉGKÖR	MOTOR
KALAND	HAJÓZIK
BALLON	TERVEZÉS
LEGÉNYSÉG	UTAS
ÉPÍTÉS	PILÓTA
ÜZEMANYAG	IRÁNY
ÉG	TURBULENCIA
MAGASSÁG	HIDROGÉN
LESZÁLLÁS	

81 - Herbalisme

```
B  B  B  C  K  P  O  S  Y  Z  B  D  U  F
A  K  H  M  A  E  V  R  Á  Z  V  G  U  O
Z  G  S  A  P  T  F  B  E  F  I  B  F  K
S  K  H  J  O  R  Y  P  W  G  R  A  T  H
A  R  E  O  R  E  N  A  V  D  Á  Á  A  A
L  O  K  R  P  Z  Ö  L  D  T  G  N  N  G
I  Z  A  Á  T  S  R  F  R  M  B  R  Ó  Y
K  M  K  N  Á  E  S  J  Z  I  N  D  B  M
O  A  U  N  R  L  E  V  E  N  D  U  L  A
M  R  K  A  K  Y  W  I  V  Ő  Y  F  H  R
W  I  K  H  O  E  G  B  L  S  Í  C  R  O
H  N  F  O  N  M  Z  L  G  É  Z  B  M  M
K  G  Ű  O  Y  Z  B  E  F  G  I  P  Z  Á
V  M  I  Ö  S  S  Z  E  T  E  V  Ő  R  S
```

AROMÁS	LEVENDULA
BAZSALIKOM	MAJORÁNNA
VIRÁG	OREGÁNÓ
KAPOR	PETREZSELYEM
TÁRKONY	ROZMARING
ZÖLD	SÁFRÁNY
ÖSSZETEVŐ	ÍZ
FOKHAGYMA	KAKUKKFŰ
MINŐSÉG	KERT

82 - Meubels

```
H  I  T  Ü  K  Ö  R  R  G  H  Z  S  P  K
Z  P  S  N  Ö  F  O  T  E  L  L  T  O  O
N  A  X  A  N  P  Ü  Z  H  B  Á  S  L  M
F  H  J  G  Y  H  Á  G  F  J  M  S  C  Ó
M  F  G  M  V  I  B  R  G  U  P  P  O  D
C  Ü  P  A  E  G  P  X  N  Ö  A  A  K  T
Á  G  Y  A  S  Z  É  K  I  A  N  D  R  N
H  G  K  R  P  Á  R  N  Á  K  O  Y  W  C
Y  Ő  X  R  O  L  Z  M  K  W  F  J  Ö  N
J  Á  D  F  L  T  A  N  E  X  U  O  N  K
G  G  X  R  C  Y  N  N  M  A  T  R  A  C
J  Y  B  B  P  R  E  N  O  K  O  V  J  J
Í  R  Ó  A  S  Z  T  A  L  K  N  K  M  U
U  R  O  C  S  Z  Ő  N  Y  E  G  B  K  J
```

PAD
ÁGY
KÖNYVESPOLC
ÍRÓASZTAL
PAPLANOK
KOMÓD
FOTEL
FUTON
FÜGGÖNYÖK

FÜGGŐÁGY
PÁRNA
PÁRNÁK
LÁMPA
MATRAC
POLCOK
TÜKÖR
SZÉK
SZŐNYEG

83 - Piraten

```
U  J  Y  T  I  U  S  N  K  W  L  B  K  L
L  Ó  Z  Á  S  Z  L  Ó  R  G  U  A  I  E
S  V  N  S  S  C  U  D  Y  U  Y  R  N  G
T  Z  N  N  O  P  Y  L  O  O  M  L  C  É
R  W  I  C  U  X  D  I  H  A  N  A  S  N
A  K  L  G  M  I  H  E  G  B  V  N  K  Y
N  J  A  V  E  S  Z  É  L  Y  R  G  A  S
D  Y  C  L  F  T  F  I  E  N  O  H  P  É
E  P  A  P  A  G  Á  J  G  K  S  O  I  G
S  Ó  C  E  Á  N  V  R  E  A  S  R  T  W
B  S  N  U  W  R  D  Y  N  R  Z  G  Á  U
I  R  Á  N  Y  T  Ű  L  D  D  T  O  N  I
T  É  R  K  É  P  W  G  A  R  A  N  Y  D
H  D  I  S  R  B  I  E  R  Z  D  Y  P  B
```

HORGONY	LEGENDA
KALAND	HEG
LEGÉNYSÉG	ÓCEÁN
SZIGET	PAPAGÁJ
VESZÉLY	RUM
ARANY	KINCS
BARLANG	ROSSZ
TÉRKÉP	STRAND
KAPITÁNY	ZÁSZLÓ
IRÁNYTŰ	KARD

84 - Om in te Vullen

```
D  M  D  V  H  H  K  M  V  Z  I  A  E  Z
M  O  A  D  R  T  O  G  C  A  K  F  L  S
C  A  B  P  M  U  R  R  B  V  A  S  M  E
V  S  T  O  P  O  S  K  D  T  Y  K  R  B
Y  G  V  Á  Z  A  Ó  R  E  Ó  N  Y  P  L
P  G  R  A  X  C  T  Á  L  C  A  M  G  I
B  I  Y  D  S  F  B  C  C  S  Ő  S  E  I
B  G  T  M  B  I  O  T  E  O  R  T  U  C
Ü  N  A  G  Ő  Ó  R  K  A  M  K  J  Y  D
V  Ö  D  Ö  R  K  Í  F  K  A  L  J  I  J
E  N  D  U  Ö  O  T  L  W  G  J  N  W  D
G  I  V  L  N  S  É  E  G  I  E  U  L  D
V  X  A  G  D  Á  K  A  R  T  O  N  O  L
L  Á  D  A  C  R  P  A  Y  S  K  C  C  H
```

CSŐ	FIÓK
TÁLCA	KOSÁR
DOBOZ	MAPPA
VÖDÖR	CSOMAG
BORÍTÉK	KORSÓ
ÜVEG	VÁZA
KARTON	HORDÓ
BŐRÖND	ZSEB
LÁDA	

85 - Surfen

```
Ó  C  E  Á  N  S  S  S  Z  Á  T  O  N  Y
A  W  Y  K  B  P  E  Z  G  X  U  U  H  G
I  T  E  Z  Z  R  B  É  Z  P  H  G  K  Y
D  S  L  C  T  A  E  L  H  Y  O  R  P  O
Ő  N  T  É  N  Y  S  S  V  H  L  P  G  M
J  O  P  Í  T  N  S  Ő  T  N  T  M  G  O
Á  F  M  K  L  A  É  S  J  É  Y  Ó  H  R
R  K  P  D  Y  U  G  É  S  P  B  K  U  L
Á  Y  V  W  G  S  S  G  U  S  A  A  L  D
S  M  Y  E  O  T  O  E  H  Z  J  V  L  B
S  Y  S  R  D  R  Ö  S  B  E  N  K  Á  M
P  C  T  Ő  H  A  B  M  G  R  O  Y  M  F
Ú  S  Z  N  I  N  U  T  E  Ű  K  H  V  H
X  X  K  E  Z  D  Ő  R  P  G  C  I  W  B
```

ATLÉTA	NÉPSZERŰ
KEZDŐ	ZÁTONY
SZÉLSŐSÉGES	HAB
HULLÁM	SEBESSÉG
BAJNOK	SPRAY
ERŐ	STÍLUS
GYOMOR	STRAND
TÖMEG	IDŐJÁRÁS
ÓCEÁN	ÚSZNI
MÓKA	

86 - Rijden

```
B  I  Z  T  O  N  S  Á  G  U  F  X  H  R
E  N  G  E  D  É  L  Y  V  S  O  Y  K  E
Ü  Z  E  M  A  N  Y  A  G  S  R  R  Y  N
Ú  N  H  J  D  G  Y  A  L  O  G  O  S  D
T  T  X  Z  J  U  C  M  H  S  A  Á  D  Ő
K  V  F  G  L  Z  T  J  C  B  L  A  Z  R
S  B  W  E  R  Z  B  C  Z  A  O  L  T  S
S  E  B  E  S  S  É  G  A  L  M  A  É  É
M  O  T  O  R  D  F  É  K  E  K  G  R  G
K  A  Z  X  G  A  R  Á  Z  S  J  Ú  K  B
G  Y  U  Y  R  D  U  X  B  E  I  T  É  H
V  E  S  Z  É  L  Y  T  N  T  R  T  P  I
U  K  A  M  I  O  N  A  Ó  J  D  H  X  D
M  O  T  O  R  K  E  R  É  K  P  Á  R  O
```

AUTÓ

ÜZEMANYAG

GARÁZS

GÁZ

VESZÉLY

TÉRKÉP

ENGEDÉLY

MOTOR

MOTORKERÉKPÁR

BALESET

RENDŐRSÉG

FÉKEK

SEBESSÉG

UTCA

ALAGÚT

BIZTONSÁG

FORGALOM

GYALOGOS

KAMION

ÚT

87 - Wetenschap

```
L  T  L  E  É  R  I  U  E  K  U  L  D  E
S  E  A  V  G  É  G  L  K  Í  N  E  X  T
M  R  B  O  H  S  F  P  F  S  Z  N  F  Y
E  M  O  L  A  Z  B  U  T  É  G  Ö  B  U
G  É  R  Ú  J  E  T  B  K  R  Y  V  H  V
F  S  A  C  L  C  F  T  O  L  M  É  I  W
I  Z  T  I  A  S  E  I  W  E  O  N  P  E
G  E  Ó  Ó  T  K  B  C  Z  T  L  Y  O  K
Y  T  R  Y  T  É  N  Y  U  I  E  E  T  É
E  E  I  U  P  K  C  C  Y  K  K  K  É  M
L  T  U  D  Ó  S  S  G  A  A  U  A  Z  I
É  T  M  Ó  D  S  Z  E  R  T  L  D  I  A
S  Z  E  R  V  E  Z  E  T  O  Á  A  S  I
F  O  S  S  Z  I  L  I  S  M  K  T  A  I
```

ATOM	LABORATÓRIUM
KÉMIAI	MÓDSZER
RÉSZECSKÉK	MOLEKULÁK
EVOLÚCIÓ	TERMÉSZET
KÍSÉRLET	FIZIKA
TÉNY	MEGFIGYELÉS
FOSSZILIS	SZERVEZET
ADAT	NÖVÉNYEK
HIPOTÉZIS	TUDÓS
ÉGHAJLAT	

88 - Speelgoed

```
R  S  W  F  C  K  E  D  V  E  N  C  K  G
N  H  A  J  Ó  Ö  C  W  Z  B  K  H  E  V
A  B  G  K  P  N  B  I  V  N  K  M  R  N
R  N  Y  B  K  Y  A  I  L  S  Y  L  É  L
K  U  A  W  Z  V  B  B  G  G  E  N  K  A
H  P  G  E  L  E  A  D  O  B  O  K  P  B
L  P  D  Y  D  K  K  M  R  L  V  L  Á  D
S  A  U  T  Ó  Z  S  G  V  O  Z  J  R  A
Á  J  Á  T  É  K  O  K  D  O  B  F  Z  G
R  K  É  P  Z  E  L  E  T  D  N  O  F  L
K  É  Z  M  Ű  V  E  S  S  É  G  A  T  S
Á  P  U  Z  Z  L  E  H  C  L  Z  E  T  P
N  R  E  P  Ü  L  Ő  G  É  P  U  Z  O  G
Y  F  E  S  T  É  K  E  K  A  M  I  O  N
```

KÉZMŰVESSÉG	BABA
AUTÓ	PUZZLE
LABDA	ROBOT
KÖNYVEK	SAKK
HAJÓ	VONAT
DOBOK	KÉPZELET
KEDVENC	FESTÉKEK
KERÉKPÁR	SÁRKÁNY
JÁTÉKOK	REPÜLŐGÉP
AGYAG	KAMION

89 - Muziekinstrumenten

```
M  A  R  I  M  B  A  H  E  G  E  D  Ű  T
D  A  Z  O  N  G  O  R  A  I  O  S  C  R
H  F  N  B  T  Z  Y  Y  H  P  Z  B  G  O
A  E  S  D  D  O  B  G  Z  Á  O  Z  O  M
R  T  Z  Z  O  Z  N  G  Z  D  R  B  N  B
M  O  A  R  D  L  N  P  G  E  F  F  G  I
O  D  X  F  C  G  I  T  Á  R  R  S  A  T
N  F  O  Z  R  S  Y  N  F  R  K  U  Y  A
I  U  F  O  H  A  E  B  E  N  D  Z  S  Ó
K  V  O  B  H  J  K  L  A  R  I  N  É  T
A  O  N  O  A  R  S  F  L  S  S  I  O  B
E  L  F  A  G  O  T  T  E  Ó  C  D  T  F
E  A  H  A  R  A  N  G  J  Á  T  É  K  A
C  S  Ö  R  G  Ő  D  O  B  X  S  R  E  R
```

BENDZSÓ	MANDOLIN
CSELLÓ	MARIMBA
FAGOTT	HARMONIKA
FUVOLA	ZONGORA
GITÁR	SZAXOFON
GONG	CSÖRGŐDOB
HÁRFA	DOB
OBOA	TROMBITA
KLARINÉT	HEGEDŰ
HARANGJÁTÉK	

90 - Activiteiten en Vrije Ti

```
Z  K  U  M  T  Ú  R  Á  Z  Á  S  N  G  K
B  G  L  Ű  R  Ö  P  L  A  B  D  A  E  O
Ú  O  N  V  H  T  E  N  I  S  Z  B  N  S
S  L  K  É  K  E  M  P  I  N  G  S  O  Á
Z  F  V  S  Z  Ö  R  F  Ö  Z  É  S  G  R
Á  M  P  Z  Z  F  E  S  T  M  É  N  Y  L
S  B  U  E  P  I  H  E  N  T  E  T  Ő  A
U  W  E  T  I  L  O  A  J  R  V  Y  L  B
O  T  B  A  S  E  B  A  L  L  E  F  Z  D
U  C  A  H  A  Z  B  F  X  Á  R  E  P  A
L  U  Y  Z  R  R  I  L  M  M  S  N  V  A
F  N  M  M  Á  C  K  A  Y  O  E  Z  V  W
M  G  E  X  C  S  L  S  Z  R  N  P  A  G
F  U  T  B  A  L  L  I  Y  E  Y  B  X  T
```

KOSÁRLABDA	VERSENY
BOKSZ	UTAZÁS
GOLF	FESTMÉNY
HALÁSZAT	SZÖRFÖZÉS
HOBBI	TENISZ
BASEBALL	FUTBALL
KEMPING	RÖPLABDA
MŰVÉSZET	TÚRÁZÁS
PIHENTETŐ	ÚSZÁS

91 - Water

```
C S A T O R N A P Y P M H Ö
G G J Ó C E Á N W M Á O U N
Y T Ő I B Z K T H Y R N L T
E X P Z U H A N Y H A S L Ö
N E D V E S S É G U T Z Á Z
L L P F G E J Z Í R A U M É
K O Á L A S G S Y R R N O S
T N R E X G G F E I T E K B
S D O G A L Y O A K A D Y I
T S L U Z T Á L P Á L V G A
D Y G E E D R Y H N O E H Z
J E Á S H Ó V Ó P J M S V Y
F É S Ő P U Í Y E N P R O R
J K G I O O Z P P O S F O J
```

ZUHANY	ÁRVÍZ
GEJZÍR	ESŐ
HULLÁMOK	FOLYÓ
JÉG	HÓ
ÖNTÖZÉS	GŐZ
CSATORNA	PÁROLGÁS
TÓ	NEDVESSÉG
MONSZUN	NEDVES
ÓCEÁN	PÁRATARTALOM
HURRIKÁN	FAGY

92 - Schaken

```
Y O Y B O S J S C X G V I W
E L L E N F É L S U M E D D
T C K I H Í V Á S O K R B T
K O K O S I E T Z U T S X J
S I R Á L D O Z A T X E S Z
T P R N H Ő G P B A J N O K
R O C Á A U Y A Á N Á Y J I
A N K T L V K S L U T M R R
T T O L M Y L S Y L É F B Á
É O A Ó F W F Z O N K E F L
G K B S P E B Í K I O K Z Y
I J Á T É K H V D L S E N N
A O G B D Z O É W E G T T Ő
B E E N N L L S R M G E J M
```

ÁTLÓS
BAJNOK
KIRÁLY
KIRÁLYNŐ
TANULNI
ÁLDOZAT
PASSZÍV
PONTOK
SZABÁLYOK
OKOS

JÁTÉK
JÁTÉKOS
STRATÉGIA
ELLENFÉL
IDŐ
TORNA
KIHÍVÁSOK
VERSENY
FEHÉR
FEKETE

93 - Boerderij #1

```
P  M  A  C  S  K  A  M  S  L  D  F  N  X
D  C  W  A  B  R  X  É  Z  K  Ó  O  R  E
N  B  X  Y  V  O  J  H  É  E  S  M  P  B
Z  N  B  V  Y  S  R  S  N  R  X  H  G  O
W  M  R  I  Z  S  C  K  A  Í  K  P  B  S
C  S  I  R  K  E  J  U  M  T  E  H  É  N
V  A  R  J  Ú  S  U  T  Z  É  C  X  N  Y
U  K  L  M  V  Í  Z  Y  F  S  S  U  L  Á
A  Z  D  V  E  Y  P  A  N  I  K  H  N  J
A  R  A  R  U  Z  V  X  M  F  E  Z  M  F
T  H  E  M  É  Z  Ő  T  R  Á  G  Y  A  X
T  S  H  N  V  C  C  P  B  O  R  J  Ú  S
M  E  Z  Ő  G  A  Z  D  A  S  Á  G  V  D
M  A  G  O  K  W  U  K  N  Y  I  L  Z  F
```

MÉH	TEHÉN
SZAMÁR	VARJÚ
KECSKE	NYÁJ
KERÍTÉS	MEZŐGAZDASÁG
KUTYA	TRÁGYA
MÉZ	LÓ
SZÉNA	RIZS
BORJÚ	MEZŐ
MACSKA	VÍZ
CSIRKE	MAGOK

94 - Huis

```
H Z X Z T E T Ő S K R R V Y
S Z J W U Ü T V L É T F A V
V D O P C H K A V M K S I C
Y M S I U C A Ö G É E E X P
K E R Í T É S N R N R P S L
A N V M M U M V Y Y T R E Á
N N A O S H U R E U F Ű K M
D Y C M Z A K O N Y H A F P
A E K P Ő D P P I N C E L A
L Z K Ö N Y V T Á R S T A T
L E T K Y D P J K S Z D A D
Ó T N D E Y I H G E O O J R
A K N M G A R Á Z S B S T G
Y B Ú T O R B E Y U A G Ó X
```

SEPRŰ	KONYHA
KÖNYVTÁR	LÁMPA
TETŐ	BÚTOR
AJTÓ	FAL
ZUHANY	MENNYEZET
GARÁZS	KÉMÉNY
KANDALLÓ	TÜKÖR
KERÍTÉS	SZŐNYEG
SZOBA	KERT
PINCE	

95 - Kleuren

```
Z  I  K  V  P  T  F  L  U  F  I  U  R  S
T  P  M  S  S  I  O  F  E  K  E  T  E  C
C  F  A  Z  Á  B  É  Z  S  A  F  H  K  N
I  U  P  Ü  R  C  E  B  K  M  K  S  É  S
Á  K  Y  R  G  R  K  A  B  Y  U  T  K  R
N  S  M  K  A  R  Ó  Z  S  A  S  Z  Í  N
B  Z  Z  E  L  H  P  I  N  D  I  G  Ó  A
A  I  R  É  P  I  I  C  G  E  A  J  Y  R
R  A  V  S  P  X  L  L  S  O  Z  G  Y  A
N  O  M  D  N  I  L  A  S  B  F  U  Z  N
A  N  F  C  N  F  A  R  J  W  K  A  A  C
V  B  I  E  B  Í  B  O  R  V  Ö  R  Ö  S
N  X  Z  R  Y  E  J  C  B  H  Z  Ö  L  D
P  I  R  O  S  G  H  G  O  N  O  I  N  W
```

BÉZS	BÍBORVÖRÖS
KÉK	NARANCS
BARNA	LILA
CIÁN	PIROS
FUKSZIA	RÓZSASZÍN
SÁRGA	SZÉPIA
SZÜRKE	FEHÉR
ZÖLD	FEKETE
INDIGÓ	

96 - Verjaardag

```
F  I  A  T  A  L  D  D  O  Y  B  H  I  G
S  D  U  O  G  J  H  A  B  O  L  D  O  G
X  Ő  B  R  S  S  Á  L  B  Z  Z  W  P  L
N  Y  P  T  A  H  E  N  N  A  P  T  Á  R
C  A  V  A  U  D  V  I  D  Á  M  S  Ü  E
M  S  P  I  S  J  X  C  K  É  V  Z  N  M
E  Ó  M  V  R  V  G  W  P  B  K  Ü  N  L
G  U  K  Á  R  T  Y  Á  K  A  B  L  E  É
H  X  L  A  H  G  E  E  U  R  Y  E  P  K
Í  D  M  D  Z  M  R  O  Y  Á  Z  T  L  E
V  F  Y  M  V  T  T  N  J  T  V  E  É  K
Ó  M  J  L  N  I  Y  Z  G  O  J  T  S  F
K  R  L  L  I  X  Á  D  F  K  U  T  E  L
U  X  P  Y  I  K  K  C  C  U  H  S  F  L
```

VIDÁM	GYERTYÁK
TORTA	KÁRTYÁK
NAP	NAPTÁR
SZÜLETETT	DAL
BOLDOG	MÓKA
AJÁNDÉK	IDŐ
EMLÉKEK	MEGHÍVÓK
ÉV	ÜNNEPLÉS
FIATAL	BARÁTOK

97 - Getallen

```
T  G  E  Ö  T  T  K  H  Á  R  O  M  E  B
I  E  K  T  I  Í  I  E  Y  S  O  K  A  V
Z  H  Ú  S  Z  R  Z  Z  T  M  S  P  I  J
E  É  U  R  E  G  Y  B  E  T  N  É  G  Y
N  T  Z  K  N  Y  O  L  C  N  Ő  J  H  V
H  L  F  E  K  O  U  V  X  G  N  T  K  K
Á  U  M  A  E  K  I  L  E  N  C  É  S  M
R  S  V  J  T  I  Z  E  N  Ö  T  Y  G  C
O  I  U  E  T  V  W  B  Y  G  D  X  M  Y
M  N  X  A  Ő  T  I  Z  E  N  H  É  T  P
T  I  Z  E  N  K  I  L  E  N  C  N  T  Y
T  I  Z  E  N  H  A  T  P  K  H  N  G  K
Y  A  P  N  U  L  L  A  I  N  A  R  S  T
T  I  Z  E  N  N  Y  O  L  C  T  W  P  Z
```

NYOLC	KETTŐ
TIZENNYOLC	HÚSZ
TIZENHÁROM	TIZENNÉGY
HÁROM	NÉGY
EGY	ÖT
KILENC	TIZENÖT
TIZENKILENC	HAT
NULLA	TIZENHAT
TÍZ	HÉT
TIZENKETTŐ	TIZENHÉT

98 - Boerderij #2

```
E  I  W  L  K  U  B  T  S  E  R  D  G  K
J  B  F  N  M  T  E  Á  E  F  I  N  A  T
C  W  D  B  X  J  L  V  R  J  A  S  Z  W
O  T  E  W  M  N  F  P  L  Á  M  A  D  D
G  Y  Ü  M  Ö  L  C  S  Ö  S  N  O  A  J
J  T  D  X  N  Ö  V  É  N  Y  I  Y  G  U
P  Á  S  Z  T  O  R  É  T  X  D  M  Y  H
A  L  M  Z  Ö  K  Z  K  M  S  T  É  Ü  F
J  L  B  Ú  Z  A  W  U  G  X  C  H  M  P
T  A  M  S  É  C  U  O  E  B  V  K  Ö  M
A  T  J  U  S  S  T  T  Á  R  P  A  L  I
G  O  F  T  R  A  K  T  O  R  W  S  C  W
U  K  U  K  O  R  I  C  A  W  U  M  S  Z
S  Z  É  L  M  A  L  O  M  X  V  H  A  W
```

MÉHKAS	BÁRÁNY
GAZDA	LÁMA
GYÜMÖLCSÖS	KUKORICA
ÁLLATOK	TEJ
KACSA	JUH
GYÜMÖLCS	PAJTA
ÁRPA	BÚZA
NÖVÉNYI	TRAKTOR
PÁSZTOR	RÉT
ÖNTÖZÉS	SZÉLMALOM

99 - Voeding

```
E  M  É  S  Z  T  É  S  D  G  R  B  L  C
T  Á  P  A  N  Y  A  G  I  S  Z  Ó  S  Z
C  E  F  E  H  É  R  J  É  K  M  Z  F  J
A  C  E  T  O  X  I  N  T  D  S  L  O  E
F  Ű  S  Z  E  R  E  K  A  G  E  E  L  R
E  G  É  S  Z  S  É  G  E  S  U  T  Y  J
E  G  R  C  C  M  K  E  S  E  R  Ű  A  E
S  Z  É  N  H  I  D  R  Á  T  O  K  D  S
Í  Z  T  S  G  N  C  E  E  A  S  A  É  Z
N  B  V  I  Z  Ő  B  M  H  K  U  L  K  T
X  H  Á  N  W  S  I  J  E  H  V  Ó  O  É
B  I  G  O  W  É  É  L  T  W  V  R  K  S
C  O  Y  M  S  G  W  G  Ő  Y  E  I  S  T
V  I  T  A  M  I  N  S  Ú  L  Y  A  W  B
```

KESERŰ	SZÉNHIDRÁTOK
KALÓRIA	MINŐSÉG
DIÉTA	SZÓSZ
EHETŐ	ÍZ
ÉTVÁGY	FŰSZEREK
FEHÉRJÉK	EMÉSZTÉS
ERJESZTÉS	TOXIN
SÚLY	VITAMIN
EGÉSZSÉGES	FOLYADÉKOK
EGÉSZSÉG	TÁPANYAG

1 - Metingen

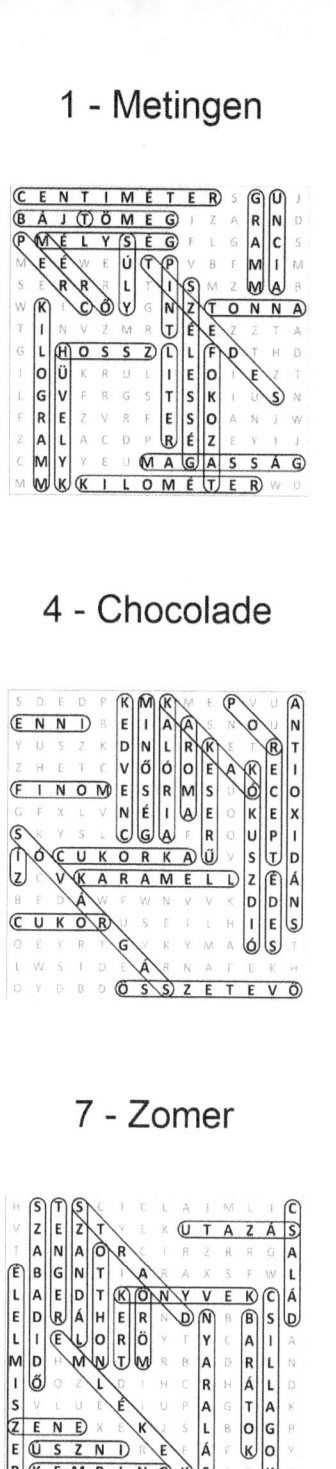

2 - Keuken

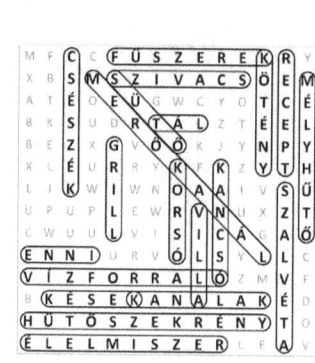

3 - Boten

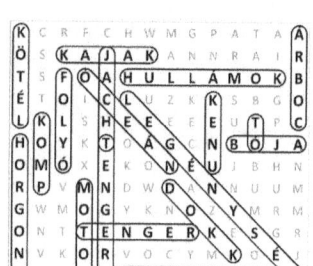

4 - Chocolade

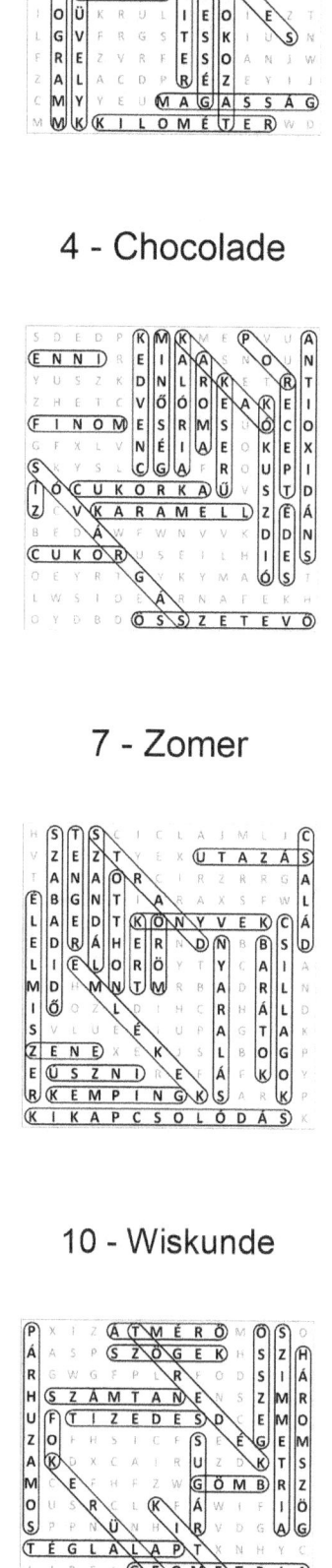

5 - Tijd

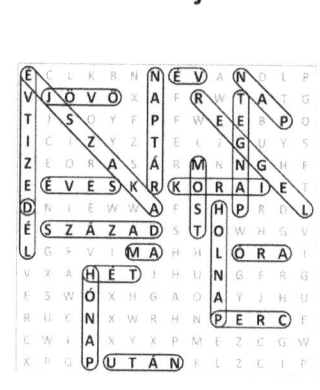

6 - Meditatie

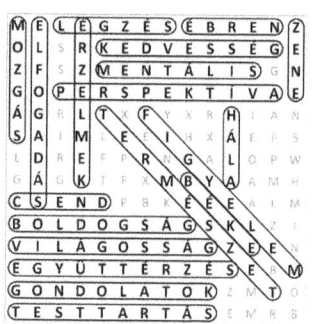

7 - Zomer

8 - Vogels

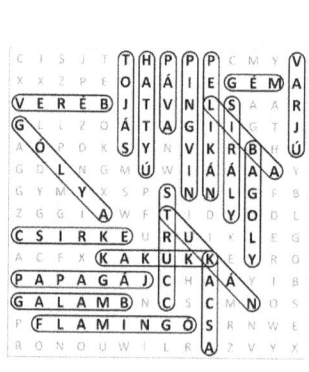

9 - Behoud

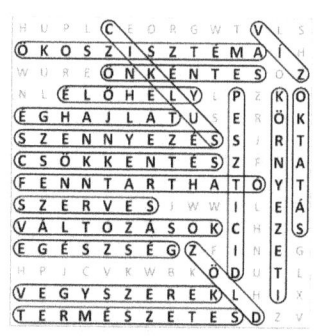

10 - Wiskunde

11 - Camping

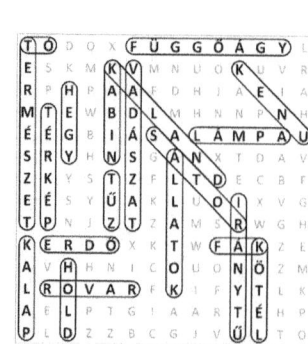

12 - Activiteiten

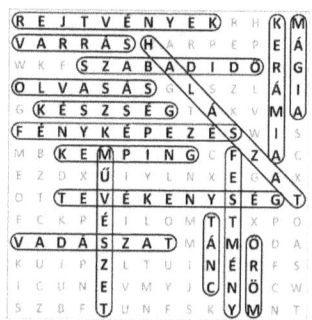

13 - Vormen

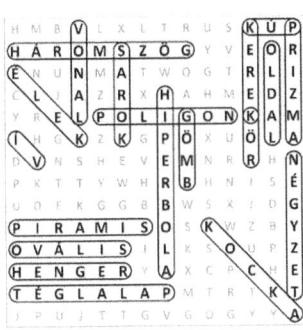

14 - Astronomie

15 - Emoties

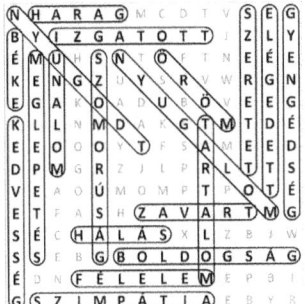

16 - Vakantie #2

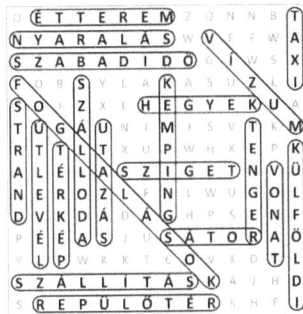

17 - Weersomstandigh

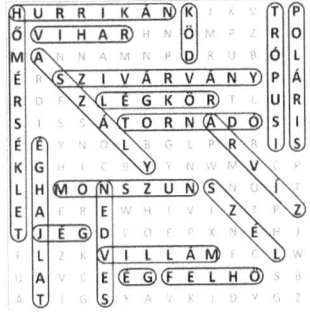

18 - Strand

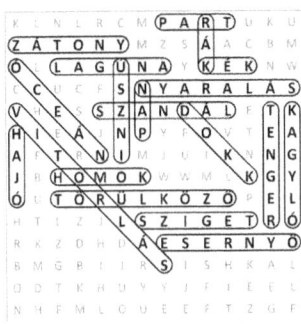

19 - Eten #2

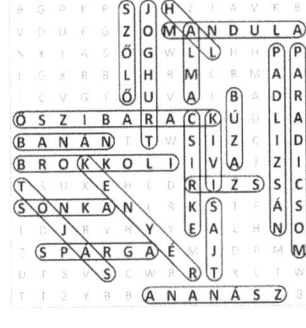

20 - Klimmen

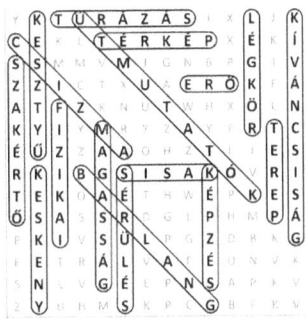

21 - Restaurant #1

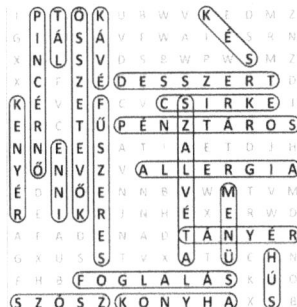

22 - Geologie

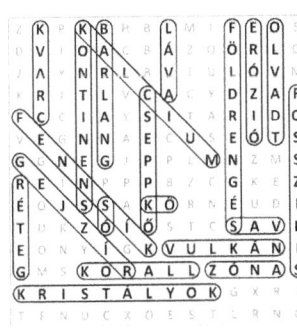

23 - Specerijen

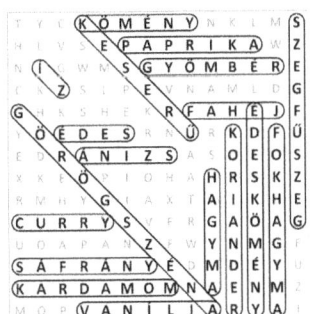

24 - Groenten

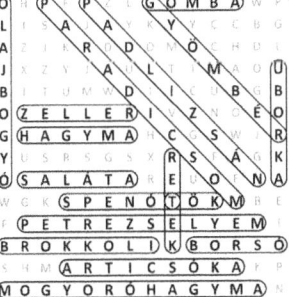

25 - Dans

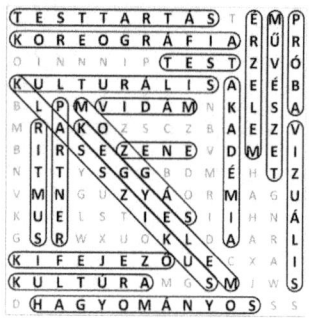

26 - Sport

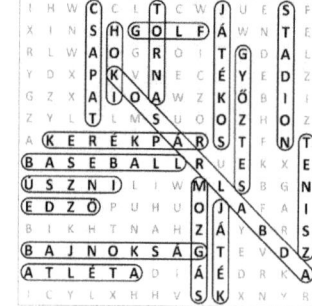

27 - Mythologie

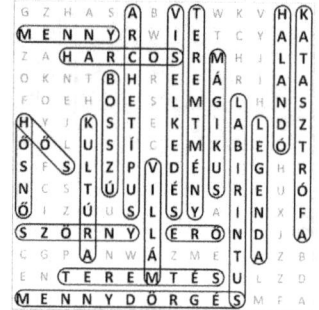

28 - Eten #1

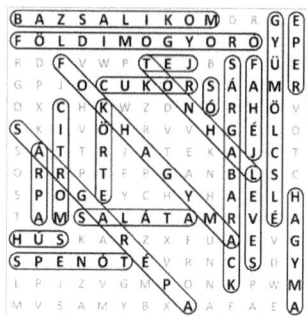

29 - Avontuur

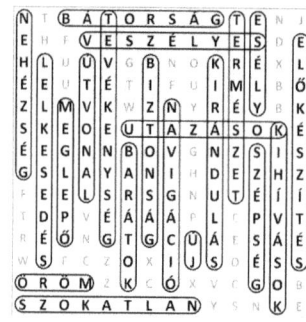

30 - Circus

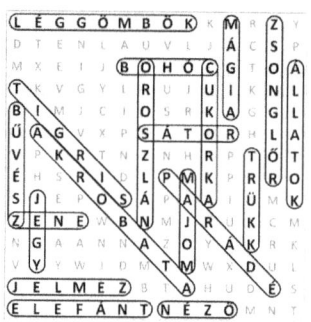

31 - Restaurant #2

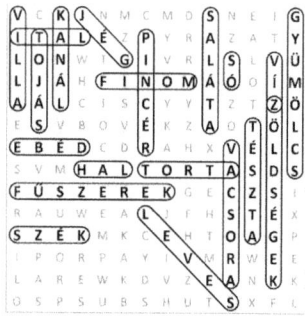

32 - Bijen

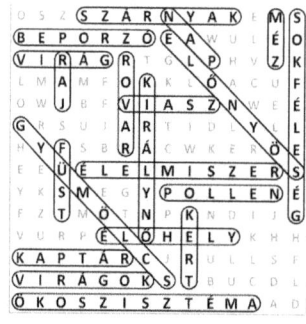

33 - School #1

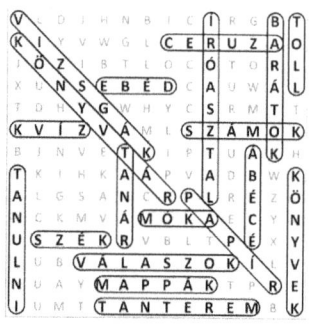

34 - Wandelen

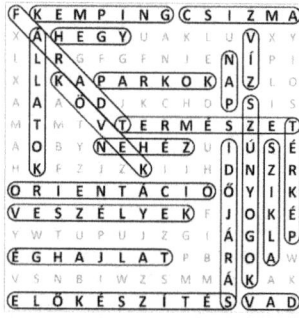

35 - Ecologie

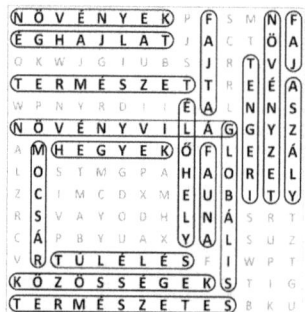

36 - Installaties

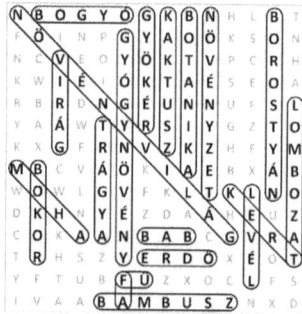

37 - School #2

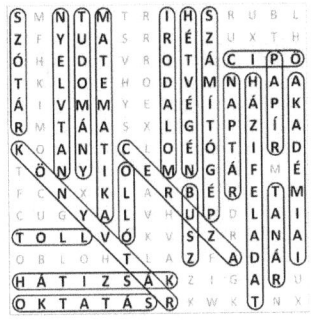

38 - Oceaan

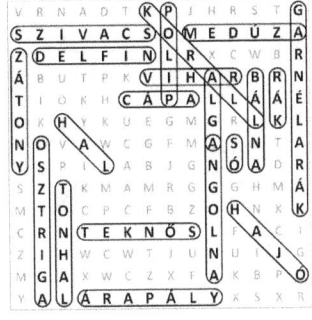

39 - Landen #2

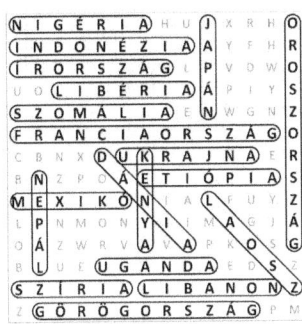

40 - Bloemen

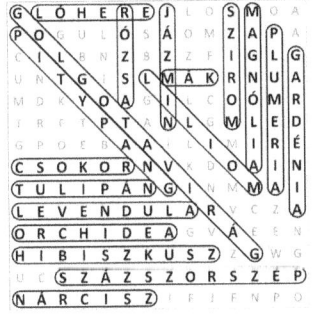

41 - Huisdieren

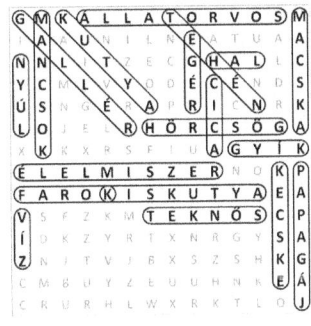

42 - Landschappen

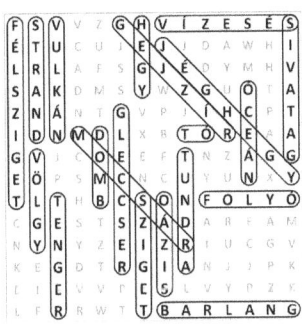

43 - Tuin

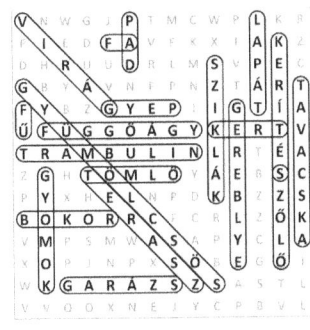

44 - Katten

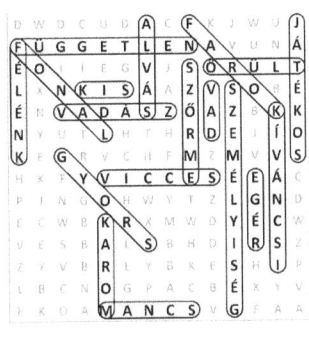

45 - Beroepen #2

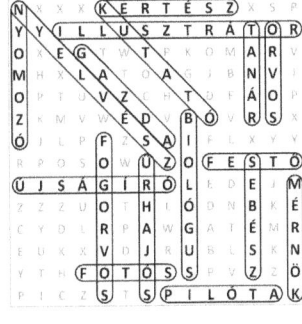

46 - Komedie

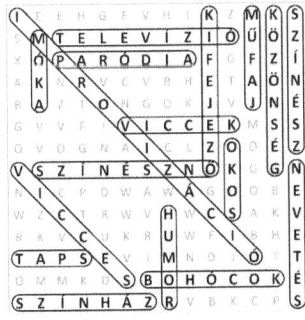

47 - Dagen en Maanden

48 - Beeldende Kunsten

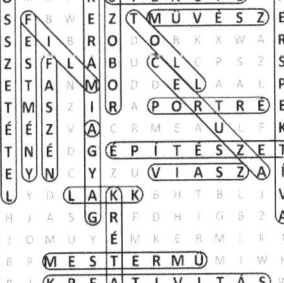

49 - Menselijk Lichaam

50 - Familie

51 - Gebouwen

52 - Kunst

53 - Beroepen #1

54 - Kastelen

55 - Insecten

56 - Antarctica

57 - Ballet

58 - Vissen

59 - Fruit

60 - Literatuur

61 - Technologie

62 - Boeken

63 - Meer Informatie

64 - Regenwoud

65 - Haartypes

66 - Stad

67 - Natuur

68 - Dinosaurussen

69 - Zoogdieren

70 - 1 Jaar Geleden

71 - Kampioenschap

72 - Exploratie

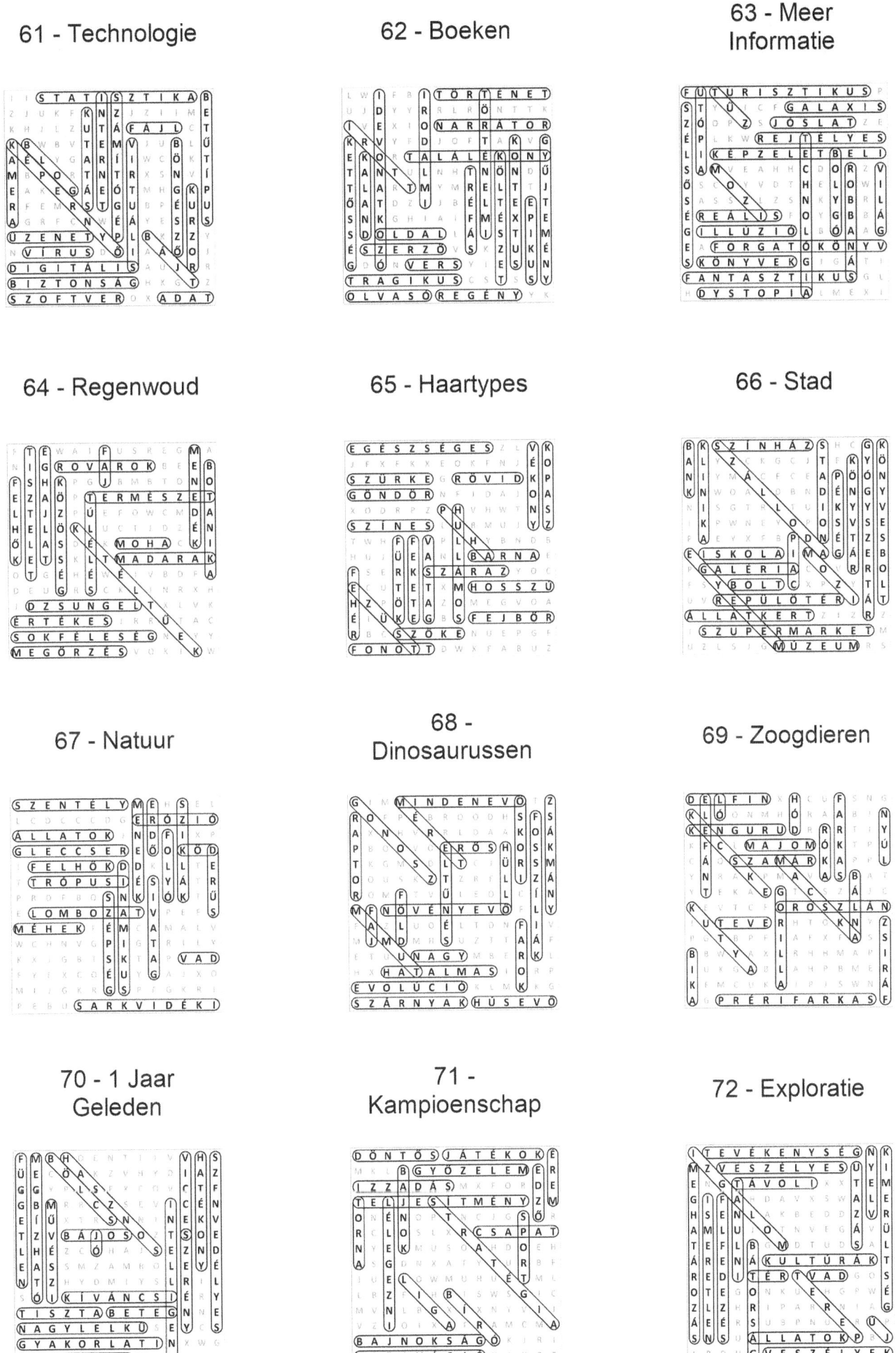

73 - Voertuigen

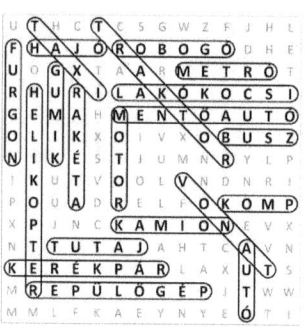

74 - Geografie

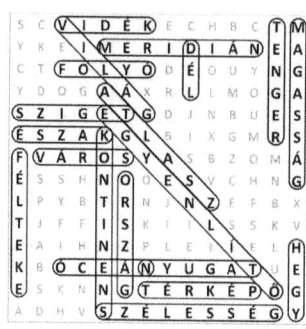

75 - Kunstbenodigdhe

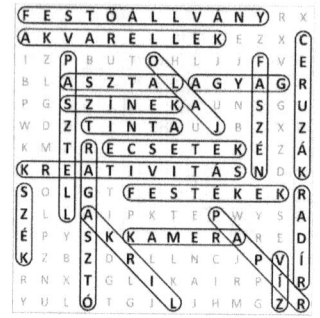

76 - Barbecues

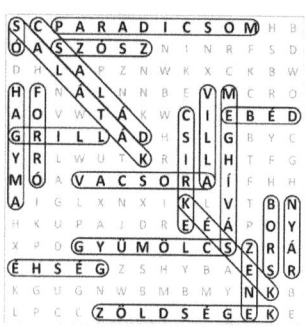

77 - Wetenschappelijk

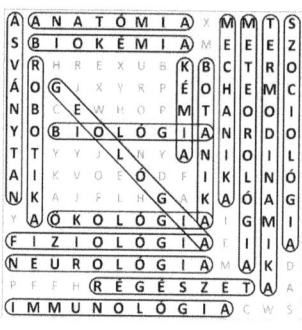

78 - Bijvoeglijke Naamwoorden

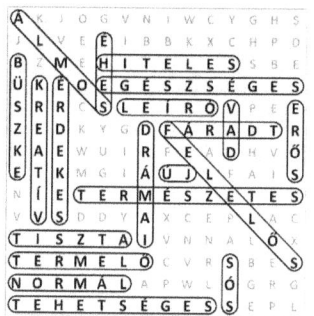

79 - Kleding

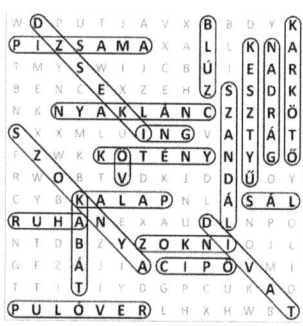

80 - Vliegtuigen

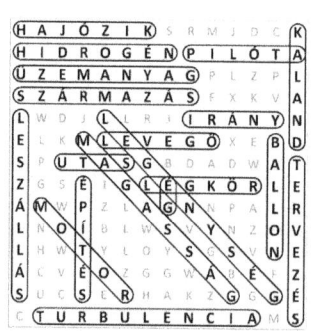

81 - Herbalisme

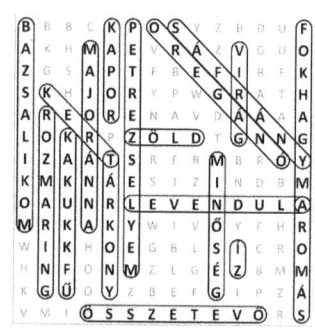

82 - Meubels

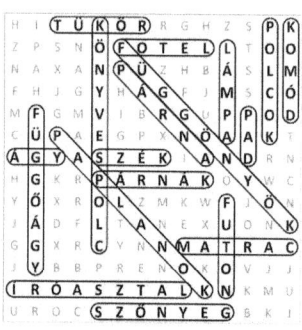

83 - Piraten

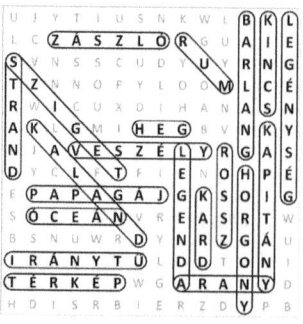

84 - Om in te Vullen

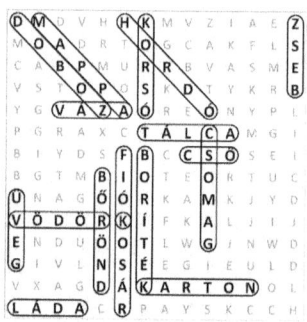

85 - Surfen

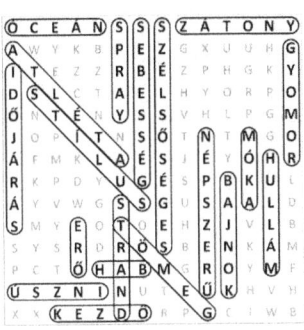

86 - Rijden

87 - Wetenschap

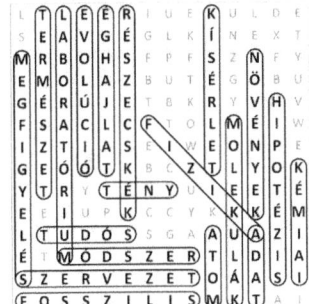

88 - Speelgoed

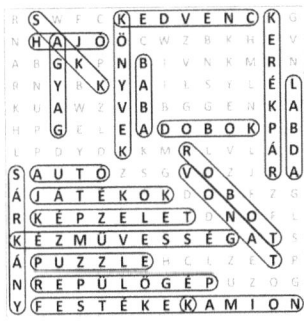

89 - Muziekinstrument

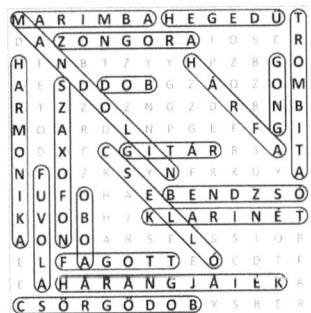

90 - Activiteiten en Vrije Ti

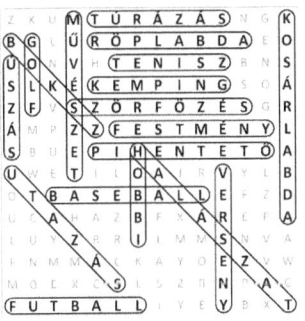

91 - Water

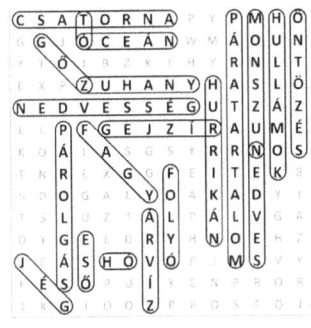

92 - Schaken

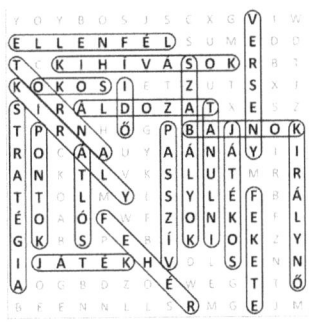

93 - Boerderij #1

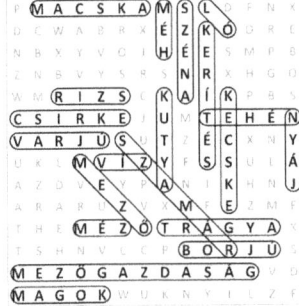

94 - Huis

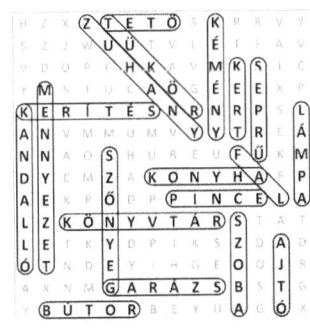

95 - Kleuren

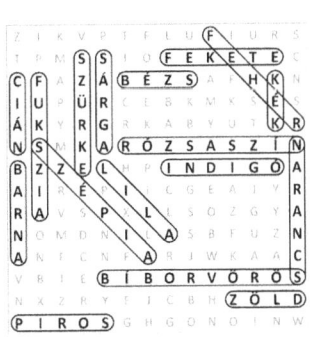

96 - Verjaardag

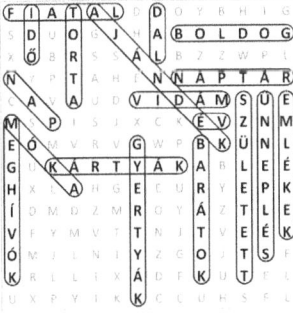

97 - Getallen

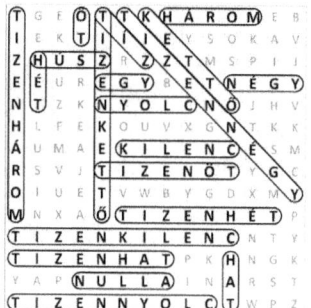

98 - Boerderij #2

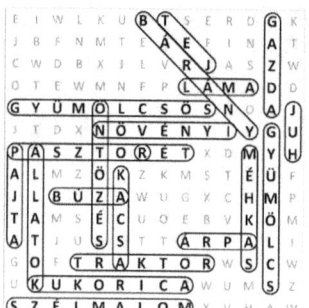

99 - Voeding

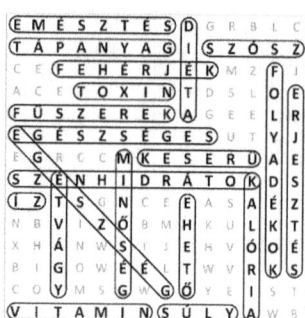

Woordenboek

1 Jaar Geleden
Erények #1

Artistiek	Művészi
Behulpzaam	Hasznos
Bescheiden	Szerény
Beslissend	Döntő
Betrouwbaar	Megbízható
Charmant	Bájos
Efficiënt	Hatékony
Gepassioneerd	Szenvedélyes
Goed	Jó
Grappig	Vicces
Gul	Nagylelkű
Intelligent	Intelligens
Nieuwsgierig	Kíváncsi
Onafhankelijk	Független
Patiënt	Beteg
Praktisch	Gyakorlati
Schoon	Tiszta
Wijs	Bölcs
Zelfverzekerd	Magabiztos

Activiteiten
Tevékenységek

Activiteit	Tevékenység
Ambachten	Kézművesség
Dansen	Tánc
Fotografie	Fényképezés
Hengelsport	Halászat
Jacht	Vadászat
Kamperen	Kemping
Keramiek	Kerámia
Kunst	Művészet
Lezen	Olvasás
Magie	Mágia
Naaien	Varrás
Ontspanning	Kikapcsolódás
Plezier	Öröm
Puzzels	Rejtvények
Schilderij	Festmény
Tuinieren	Kertészkedés
Vaardigheid	Készség
Vrije Tijd	Szabadidő
Wandelen	Túrázás

Activiteiten en Vrije Ti
Tevékenységek és Szabadi

Basketbal	Kosárlabda
Boksen	Boksz
Duiken	Búvárkodás
Golf	Golf
Hengelsport	Halászat
Hobby	Hobbi
Honkbal	Baseball
Kamperen	Kemping
Kunst	Művészet
Ontspannen	Pihentető
Racen	Verseny
Reis	Utazás
Schilderij	Festmény
Surfen	Szörfözés
Tennis	Tenisz
Tuinieren	Kertészkedés
Voetbal	Futball
Volleybal	Röplabda
Wandelen	Túrázás
Zwemmen	Úszás

Antarctica
Antarktisz

Baai	Öböl
Behoud	Megőrzés
Continent	Kontinens
Eilanden	Szigetek
Expeditie	Expedíció
Geografie	Földrajz
Gletsjers	Gleccserek
Ijs	Jég
Migratie	Migráció
Omgeving	Környezet
Onderzoeker	Kutató
Pinguïn	Pingvinek
Rotsachtig	Sziklás
Schiereiland	Félsziget
Soort	Faj
Temperatuur	Hőmérséklet
Topografie	Topográfia
Water	Víz
Wetenschappelijk	Tudományos
Wolken	Felhők

Astronomie
Csillagászat

Aarde	Föld
Asteroïde	Aszteroida
Astronaut	Űrhajós
Astronoom	Csillagász
Dierenriem	Állatöv
Hemel	Ég
Komeet	Üstökös
Kosmos	Kozmosz
Maan	Hold
Meteoor	Meteor
Nevel	Ködfolt
Planeet	Bolygó
Raket	Rakéta
Satelliet	Műhold
Ster	Csillag
Sterrenbeeld	Csillagkép
Straling	Sugárzás
Telescoop	Távcső
Universum	Univerzum
Zwaartekracht	Gravitáció

Avontuur
Kaland

Activiteit	Tevékenység
Enthousiasme	Lelkesedés
Excursie	Kirándulás
Gevaarlijk	Veszélyes
Kans	Esély
Moed	Bátorság
Moeilijkheid	Nehézség
Natuur	Természet
Navigatie	Navigáció
Nieuw	Új
Ongewoon	Szokatlan
Reisplan	Útvonal
Reizen	Utazások
Schoonheid	Szépség
Uitdagingen	Kihívások
Veiligheid	Biztonság
Verrassend	Meglepő
Voorbereiding	Előkészítés
Vreugde	Öröm
Vrienden	Barátok

Ballet
Balett

Applaus	Taps
Artistiek	Művészi
Ballerina	Balerina
Choreografie	Koreográfia
Componist	Zeneszerző
Dansers	Táncosok
Expressief	Kifejező
Gebaar	Gesztus
Intensiteit	Intenzitás
Muziek	Zene
Orkest	Zenekar
Praktijk	Gyakorlat
Publiek	Közönség
Repetitie	Próba
Ritme	Ritmus
Sierlijk	Kecses
Spieren	Izmok
Stijl	Stílus
Techniek	Technika
Vaardigheid	Készség

Barbecues
Grillezés

Diner	Vacsora
Familie	Család
Fruit	Gyümölcs
Grill	Grill
Groente	Zöldségek
Heet	Forró
Honger	Éhség
Kip	Csirke
Lunch	Ebéd
Messen	Kések
Muziek	Zene
Peper	Bors
Salades	Saláták
Saus	Szósz
Tomaten	Paradicsom
Uien	Hagyma
Uitnodiging	Meghívás
Vorken	Villa
Zomer	Nyár
Zout	Só

Beeldende Kunsten
Vizuális Művészetek

Architectuur	Építészet
Artiest	Művész
Beeldhouwwerk	Szobor
Creativiteit	Kreativitás
Ezel	Festőállvány
Film	Film
Houtskool	Faszén
Keramiek	Kerámia
Klei	Agyag
Krijt	Kréta
Meesterwerk	Mestermű
Pen	Toll
Perspectief	Perspektíva
Portret	Portré
Potlood	Ceruza
Samenstelling	Összetétel
Schilderij	Festmény
Stencil	Stencil
Vernis	Lakk
Was	Viasz

Behoud
Természetvédelmi

Chemicaliën	Vegyszerek
Duurzaam	Fenntartható
Ecosysteem	Ökoszisztéma
Fiets	Ciklus
Gezondheid	Egészség
Groen	Zöld
Habitat	Élőhely
Klimaat	Éghajlat
Milieu	Környezeti
Natuurlijk	Természetes
Onderwijs	Oktatás
Organisch	Szerves
Pesticide	Peszticid
Recycleren	Újrahasznosít
Veranderingen	Változások
Verminderen	Csökkentés
Vervuiling	Szennyezés
Vrijwilliger	Önkéntes
Water	Víz

Beroepen #1
Foglalkozások #1

Advocaat	Ügyvéd
Ambassadeur	Nagykövet
Apotheker	Gyógyszerész
Astronoom	Csillagász
Atleet	Atléta
Bankier	Bankár
Brandweerman	Tűzoltó
Cartograaf	Térképész
Danser	Táncos
Dierenarts	Állatorvos
Dokter	Orvos
Editor	Szerkesztő
Geoloog	Geológus
Jager	Vadász
Juwelier	Ékszerész
Muzikant	Zenész
Pianist	Zongorista
Psycholoog	Pszichológus
Verpleegster	Ápoló
Wetenschapper	Tudós

Beroepen #2
Foglalkozások #2

Arts	Orvos
Astronaut	Űrhajós
Bibliothecaris	Könyvtáros
Bioloog	Biológus
Boer	Gazda
Chirurg	Sebész
Detective	Nyomozó
Filosoof	Filozófus
Fotograaf	Fotós
Illustrator	Illusztrátor
Ingenieur	Mérnök
Journalist	Újságíró
Leraar	Tanár
Linguïst	Nyelvész
Onderzoeker	Kutató
Piloot	Pilóta
Schilder	Festő
Tandarts	Fogorvos
Tuinman	Kertész
Uitvinder	Feltaláló

Bijen
Méhek

Bestuiver	Beporzó
Bijenkorf	Kaptár
Bloemen	Virágok
Bloesem	Virág
Diversiteit	Sokféleség
Ecosysteem	Ökoszisztéma
Fruit	Gyümölcs
Habitat	Élőhely
Honing	Méz
Insect	Rovar
Koningin	Királynő
Rook	Füst
Stuifmeel	Pollen
Tuin	Kert
Vleugels	Szárnyak
Voedsel	Élelmiszer
Voordelig	Előnyös
Was	Viasz
Zon	Nap
Zwerm	Raj

Bijvoeglijke Naamwoorden
Melléknevek #1

Aantrekkelijk	Vonzó
Actief	Aktív
Ambitieus	Ambiciózus
Aromatisch	Aromás
Artistiek	Művészi
Belangrijk	Fontos
Diep	Mély
Donker	Sötét
Dun	Vékony
Eerlijk	Őszinte
Exotisch	Egzotikus
Identiek	Azonos
Jong	Fiatal
Lang	Hosszú
Langzaam	Lassú
Modern	Modern
Onschuldig	Ártatlan
Perfect	Tökéletes
Waardevol	Értékes
Zwaar	Nehéz

Bijvoeglijke Naamwoorden
Melléknevek #2

Authentiek	Hiteles
Begaafd	Tehetséges
Beschrijvend	Leíró
Creatief	Kreatív
Dramatisch	Drámai
Gezond	Egészséges
Hongerig	Éhes
Interessant	Érdekes
Moe	Fáradt
Natuurlijk	Természetes
Nieuw	Új
Normaal	Normál
Productief	Termelő
Slaperig	Álmos
Sterk	Erős
Trots	Büszke
Verantwoordelijk	Felelős
Wild	Vad
Zout	Sós
Zuiver	Tiszta

Bloemen
Virágok

Bloemblad	Szirom
Boeket	Csokor
Gardenia	Gardénia
Hibiscus	Hibiszkusz
Jasmijn	Jázmin
Klaver	Lóhere
Lavendel	Levendula
Lelie	Liliom
Madeliefje	Százszorszép
Magnolia	Magnólia
Narcis	Nárcisz
Orchidee	Orchidea
Paardebloem	Pitypang
Papaver	Mák
Passiebloem	Golgotavirág
Pioenroos	Bazsarózsa
Plumeria	Plumeria
Roos	Rózsa
Tulp	Tulipán
Zonnebloem	Napraforgó

Boeken
Könyvek

Auteur	Szerző
Avontuur	Kaland
Bladzijde	Oldal
Collectie	Gyűjtemény
Context	Kontextus
Dualiteit	Kettősség
Episch	Epikus
Gedicht	Vers
Geschreven	Írott
Historisch	Történelmi
Humoristisch	Tréfás
Inventief	Találékony
Lezer	Olvasó
Literair	Irodalmi
Poëzie	Költészet
Relevant	Ide Vonatkozó
Roman	Regény
Tragisch	Tragikus
Verhaal	Történet
Verteller	Narrátor

Boerderij #1
Gazdaság #1

Bij	Méh
Ezel	Szamár
Geit	Kecske
Hek	Kerítés
Hond	Kutya
Honing	Méz
Hooi	Széna
Kalf	Borjú
Kat	Macska
Kip	Csirke
Koe	Tehén
Kraai	Varjú
Kudde	Nyáj
Landbouw	Mezőgazdaság
Mest	Trágya
Paard	Ló
Rijst	Rizs
Veld	Mező
Water	Víz
Zaden	Magok

Boerderij #2
2. Gazdaság

Bijenkorf	Méhkas
Boer	Gazda
Boomgaard	Gyümölcsös
Dieren	Állatok
Eend	Kacsa
Fruit	Gyümölcs
Gerst	Árpa
Groente	Növényi
Herder	Pásztor
Irrigatie	Öntözés
Lam	Bárány
Lama	Láma
Maïs	Kukorica
Melk	Tej
Schaap	Juh
Schuur	Pajta
Tarwe	Búza
Tractor	Traktor
Weide	Rét
Windmolen	Szélmalom

Boten
Csónakok

Anker	Horgony
Bemanning	Legénység
Boei	Bója
Dok	Dokk
Golven	Hullámok
Jacht	Jacht
Kajak	Kajak
Kano	Kenu
Mast	Árboc
Meer	Tó
Motor	Motor
Nautisch	Tengeri
Oceaan	Óceán
Reddingsboot	Mentőcsónak
Rivier	Folyó
Touw	Kötél
Veerboot	Komp
Vlot	Tutaj
Zee	Tenger
Zeilboot	Vitorlás

Camping
Kemping

Avontuur	Kaland
Berg	Hegy
Bomen	Fák
Bos	Erdő
Brand	Tűz
Cabine	Kabin
Dieren	Állatok
Hangmat	Függőágy
Hoed	Kalap
Insect	Rovar
Jacht	Vadászat
Kaart	Térkép
Kano	Kenu
Kompas	Iránytű
Lantaarn	Lámpa
Maan	Hold
Meer	Tó
Natuur	Természet
Tent	Sátor
Touw	Kötél

Chocolade
Csokoládé

Antioxidant	Antioxidáns
Aroma	Aroma
Bitter	Keserű
Cacao	Kakaó
Calorieën	Kalória
Eten	Enni
Exotisch	Egzotikus
Favoriet	Kedvenc
Heerlijk	Finom
Ingrediënt	Összetevő
Karamel	Karamell
Kokosnoot	Kókuszdió
Kwaliteit	Minőség
Poeder	Por
Recept	Recept
Smaak	Íz
Snoep	Cukorka
Suiker	Cukor
Verlangen	Sóvárgás
Zoet	Édes

Circus
Cirkusz

Aap	Majom
Acrobaat	Akrobata
Ballonnen	Léggömbök
Clown	Bohóc
Dieren	Állatok
Goochelaar	Bűvész
Jongleur	Zsonglőr
Kaartje	Jegy
Kostuum	Jelmez
Leeuw	Oroszlán
Magie	Mágia
Muziek	Zene
Olifant	Elefánt
Parade	Parádé
Snoep	Cukorka
Tent	Sátor
Tijger	Tigris
Toeschouwer	Néző
Truc	Trükk
Vermaken	Szórakoztat

Dagen en Maanden
Napok és Hónapok

Augustus	Augusztus
Dinsdag	Kedd
Donderdag	Csütörtök
Februari	Február
Jaar	Év
Januari	Január
Juli	Július
Juni	Június
Kalender	Naptár
Maand	Hónap
Maandag	Hétfő
Maart	Március
November	November
Oktober	Október
September	Szeptember
Vrijdag	Péntek
Week	Hét
Woensdag	Szerda
Zaterdag	Szombat
Zondag	Vasárnap

Dans
Tánc

Academie	Akadémia
Beweging	Mozgás
Blij	Vidám
Choreografie	Koreográfia
Cultureel	Kulturális
Cultuur	Kultúra
Emotie	Érzelem
Expressief	Kifejező
Genade	Kegyelem
Houding	Testtartás
Klassiek	Klasszikus
Kunst	Művészet
Lichaam	Test
Muziek	Zene
Partner	Partner
Repetitie	Próba
Ritme	Ritmus
Traditioneel	Hagyományos
Visueel	Vizuális

Dinosaurussen
Dinoszauruszok

Aarde	Föld
Carnivoor	Húsevő
Enorm	Hatalmas
Evolutie	Evolúció
Fossielen	Fosszíliák
Groot	Nagy
Grootte	Méret
Herbivoor	Növényevő
Krachtig	Erős
Mammoet	Mamut
Omnivoor	Mindenevő
Prehistorisch	Őskori
Prooi	Zsákmány
Reptiel	Hüllő
Roofvogel	Raptor
Soort	Faj
Staart	Farok
Verdwijning	Eltűnés
Vicieuze	Gonosz
Vleugels	Szárnyak

Ecologie
Ökológia

Bergen	Hegyek
Diversiteit	Sokféleség
Droogte	Aszály
Duurzaam	Fenntartható
Fauna	Fauna
Flora	Növényvilág
Gemeenschappen	Közösségek
Globaal	Globális
Habitat	Élőhely
Klimaat	Éghajlat
Marinier	Tengeri
Moeras	Mocsár
Natuur	Természet
Natuurlijk	Természetes
Overleving	Túlélés
Planten	Növények
Soort	Faj
Variëteit	Fajta
Vegetatie	Növényzet
Vrijwilligers	Önkéntesek

Emoties
Érzelmek

Angst	Félelem
Beschaamd	Zavart
Dankbaar	Hálás
Droefheid	Szomorúság
Gelukzaligheid	Boldogság
Inhoud	Tartalom
Kalm	Nyugodt
Liefde	Szeretet
Opgewonden	Izgatott
Rust	Nyugalom
Sympathie	Szimpátia
Tederheid	Gyengédség
Tevreden	Elégedett
Verrassing	Meglepetés
Verveling	Unalom
Vrede	Béke
Vreugde	Öröm
Vriendelijkheid	Kedvesség
Woede	Harag

Eten #1
Élelmiszer #1

Aardbei	Eper
Abrikoos	Sárgabarack
Basilicum	Bazsalikom
Citroen	Citrom
Gerst	Árpa
Kaneel	Fahéj
Knoflook	Fokhagyma
Melk	Tej
Peer	Körte
Pinda	Földimogyoró
Salade	Saláta
Sap	Gyümölcslé
Soep	Leves
Spinazie	Spenót
Suiker	Cukor
Tonijn	Tonhal
Ui	Hagyma
Vlees	Hús
Wortel	Sárgarépa
Zout	Só

Eten #2
Élelmiszer # 2

Amandel	Mandula
Ananas	Ananász
Appel	Alma
Asperge	Spárga
Aubergine	Padlizsán
Banaan	Banán
Broccoli	Brokkoli
Brood	Kenyér
Druif	Szőlő
Ei	Tojás
Ham	Sonka
Kaas	Sajt
Kip	Csirke
Kiwi	Kivi
Perzik	Őszibarack
Rijst	Rizs
Tarwe	Búza
Tomaat	Paradicsom
Vis	Hal
Yoghurt	Joghurt

Exploratie
Felfedezés

Activiteit	Tevékenység
Bepaling	Meghatározás
Culturen	Kultúrák
Dieren	Állatok
Gevaarlijk	Veszélyes
Gevaren	Veszélyek
Leren	Tanulni
Moed	Bátorság
Nieuw	Új
Onbekend	Ismeretlen
Ontdekking	Felfedezés
Opwinding	Izgalom
Reis	Utazás
Ruimte	Tér
Taal	Nyelv
Terrein	Terep
Uitputting	Kimerültség
Ver	Távoli
Wild	Vad

Familie
Család

Broer	Testvér
Dochter	Lánya
Grootmoeder	Nagymama
Jeugd	Gyermekkor
Kind	Gyermek
Kinderen	Gyermekek
Kleinkind	Unoka
Kleinzoon	Unokája
Man	Férj
Moeder	Anya
Neef	Unokatestvér
Nicht	Unokahúg
Oom	Nagybácsi
Opa	Nagyapa
Tante	Néni
Tweeling	Ikrek
Vader	Apa
Vaderlijk	Apai
Voorouder	Ős
Vrouw	Feleség

Fruit
Gyümölcs

Abrikoos	Sárgabarack
Ananas	Ananász
Appel	Alma
Avocado	Avokádó
Banaan	Banán
Bes	Bogyó
Citroen	Citrom
Druif	Szőlő
Framboos	Málna
Kers	Cseresznye
Kiwi	Kivi
Kokosnoot	Kókuszdió
Mango	Mangó
Meloen	Dinnye
Nectarine	Nektarin
Oranje	Narancs
Papaja	Papaja
Peer	Körte
Perzik	Őszibarack
Pruim	Szilva

Gebouwen
Épületek

Ambassade	Nagykövetség
Appartement	Lakás
Bioscoop	Mozi
Boerderij	Gazdaság
Cabine	Kabin
Fabriek	Gyár
Garage	Garázs
Hotel	Szálloda
Kasteel	Vár
Laboratorium	Laboratórium
Museum	Múzeum
School	Iskola
Schuur	Pajta
Stadion	Stadion
Supermarkt	Szupermarket
Tent	Sátor
Theater	Színház
Toren	Torony
Universiteit	Egyetem
Ziekenhuis	Kórház

Geografie
Földrajz

Atlas	Atlasz
Berg	Hegy
Breedtegraad	Szélesség
Continent	Kontinens
Eiland	Sziget
Evenaar	Egyenlítő
Halfrond	Félteke
Hoogte	Magasság
Kaart	Térkép
Land	Ország
Meridiaan	Meridián
Noorden	Észak
Oceaan	Óceán
Regio	Vidék
Rivier	Folyó
Stad	Város
Wereld	Világ
Westen	Nyugat
Zee	Tenger
Zuiden	Dél

Geologie
Geológia

Aardbeving	Földrengés
Calcium	Kalcium
Continent	Kontinens
Erosie	Erózió
Fossiel	Fosszilis
Geiser	Gejzír
Gesmolten	Olvadt
Grot	Barlang
Koraal	Korall
Kristallen	Kristályok
Kwarts	Kvarc
Laag	Réteg
Lava	Láva
Plateau	Fennsík
Stalactiet	Cseppkő
Steen	Kő
Vulkaan	Vulkán
Zone	Zóna
Zout	Só
Zuur	Sav

Getallen
Számok

Acht	Nyolc
Achttien	Tizennyolc
Dertien	Tizenhárom
Drie	Három
Een	Egy
Negen	Kilenc
Negentien	Tizenkilenc
Nul	Nulla
Tien	Tíz
Twaalf	Tizenkettő
Twee	Kettő
Twintig	Húsz
Veertien	Tizennégy
Vier	Négy
Vijf	Öt
Vijftien	Tizenöt
Zes	Hat
Zestien	Tizenhat
Zeven	Hét
Zeventien	Tizenhét

Groenten
Zöldségfélék

Artisjok	Articsóka
Aubergine	Padlizsán
Broccoli	Brokkoli
Erwt	Borsó
Gember	Gyömbér
Knoflook	Fokhagyma
Komkommer	Uborka
Olijf	Olajbogyó
Paddestoel	Gomba
Peterselie	Petrezselyem
Pompoen	Tök
Raap	Fehérrépa
Radijs	Retek
Salade	Saláta
Selderij	Zeller
Sjalot	Mogyoróhagyma
Spinazie	Spenót
Tomaat	Paradicsom
Ui	Hagyma
Wortel	Sárgarépa

Haartypes
Haj Típusok

Blond	Szőke
Bruin	Barna
Dik	Vastag
Droog	Száraz
Dun	Vékony
Gekleurd	Színes
Gevlochten	Fonott
Gezond	Egészséges
Golvend	Hullámos
Grijs	Szürke
Hoofdhuid	Fejbőr
Kaal	Kopasz
Kort	Rövid
Krullen	Fürtök
Krullend	Göndör
Lang	Hosszú
Wit	Fehér
Zacht	Puha
Zilver	Ezüst
Zwart	Fekete

Herbalisme
Herbalism

Aromatisch	Aromás
Basilicum	Bazsalikom
Bloem	Virág
Culinair	Konyhai
Dille	Kapor
Dragon	Tárkony
Groen	Zöld
Ingrediënt	Összetevő
Knoflook	Fokhagyma
Kwaliteit	Minőség
Lavendel	Levendula
Marjolein	Majoránna
Oregano	Oregánó
Peterselie	Petrezselyem
Rozemarijn	Rozmaring
Saffraan	Sáfrány
Smaak	Íz
Tijm	Kakukkfű
Tuin	Kert
Venkel	Édeskömény

Huis
Ház

Bezem	Seprű
Bibliotheek	Könyvtár
Dak	Tető
Deur	Ajtó
Douche	Zuhany
Garage	Garázs
Haard	Kandalló
Hek	Kerítés
Kamer	Szoba
Kelder	Pince
Keuken	Konyha
Lamp	Lámpa
Meubilair	Bútor
Muur	Fal
Plafond	Mennyezet
Schoorsteen	Kémény
Slaapkamer	Hálószoba
Spiegel	Tükör
Tapijt	Szőnyeg
Tuin	Kert

Huisdieren
Háziállatok

Dierenarts	Állatorvos
Geit	Kecske
Hagedis	Gyík
Hamster	Hörcsög
Hond	Kutya
Kat	Macska
Katje	Cica
Koe	Tehén
Konijn	Nyúl
Kraag	Gallér
Muis	Egér
Papegaai	Papagáj
Poten	Mancsok
Puppy	Kiskutya
Schildpad	Teknős
Staart	Farok
Vis	Hal
Voedsel	Élelmiszer
Water	Víz

Insecten
Rovarok

Bidsprinkhaan	Sáska
Bij	Méh
Bladluis	Levéltetű
Cicade	Kabóca
Kakkerlak	Csótány
Kever	Bogár
Larve	Lárva
Libel	Szitakötő
Mier	Hangya
Mot	Moly
Mug	Szúnyog
Sprinkhaan	Szöcske
Termiet	Termesz
Vlinder	Pillangó
Vlo	Bolha
Wesp	Darázs
Worm	Féreg

Installaties
Növények

Bamboe	Bambusz
Bes	Bogyó
Blad	Levél
Bloem	Virág
Boom	Fa
Boon	Bab
Bos	Erdő
Cactus	Kaktusz
Flora	Növényvilág
Gebladerte	Lombozat
Gras	Fű
Klimop	Borostyán
Kruid	Gyógynövény
Mest	Trágya
Mos	Moha
Plantkunde	Botanika
Struik	Bokor
Tuin	Kert
Vegetatie	Növényzet
Wortel	Gyökér

Kampioenschap
Bajnokság

Ademen	Lélegezni
Finalist	Döntős
Games	Játékok
Kampioen	Bajnok
Kampioenschap	Bajnokság
Liga	Liga
Medaille	Érem
Motivatie	Motiváció
Prestatie	Teljesítmény
Rechter	Bíró
Sport	Sport
Strategie	Stratégia
Team	Csapat
Toernooi	Torna
Trainer	Edző
Transpiratie	Izzadás
Zege	Győzelem

Kastelen
Kastélyok

Draak	Sárkány
Dynastie	Dinasztia
Edele	Nemes
Eenhoorn	Egyszarvú
Feodaal	Feudális
Fort	Erőd
Harnas	Páncél
Katapult	Katapult
Koninkrijk	Királyság
Kroon	Korona
Muur	Fal
Paard	Ló
Paleis	Palota
Prins	Herceg
Prinses	Hercegnő
Ridder	Lovag
Rijk	Birodalom
Schild	Pajzs
Toren	Torony
Zwaard	Kard

Katten
Macskák

Bont	Szőrme
Garen	Fonal
Gek	Őrült
Grappig	Vicces
Jager	Vadász
Klauw	Karom
Klein	Kis
Muis	Egér
Nieuwsgierig	Kíváncsi
Onafhankelijk	Független
Persoonlijkheid	Személyiség
Poot	Mancs
Slaap	Alvás
Snel	Gyors
Speels	Játékos
Staart	Farok
Verlegen	Félénk
Wild	Vad

Keuken
Konyha

Cup	Csészék
Eten	Enni
Grill	Grill
Ketel	Vízforraló
Koelkast	Hűtőszekrény
Kom	Tál
Kruik	Kancsó
Lepels	Kanalak
Messen	Kések
Oven	Sütő
Pollepel	Merőkanál
Pot	Korsó
Recept	Recept
Schort	Kötény
Servet	Szalvéta
Specerijen	Fűszerek
Spons	Szivacs
Voedsel	Élelmiszer
Vorken	Villa
Vriezer	Mélyhűtő

Kleding
Ruházat

Armband	Karkötő
Blouse	Blúz
Broek	Nadrág
Handschoenen	Kesztyű
Hoed	Kalap
Jas	Kabát
Jasje	Dzseki
Jurk	Ruha
Ketting	Nyaklánc
Mode	Divat
Pyjama	Pizsama
Riem	Öv
Rok	Szoknya
Sandalen	Szandál
Schoen	Cipő
Schort	Kötény
Shirt	Ing
Sjaal	Sál
Sokken	Zokni
Trui	Pulóver

Kleuren
Színek

Beige	Bézs
Blauw	Kék
Bruin	Barna
Cyaan	Cián
Fuchsia	Fukszia
Geel	Sárga
Grijs	Szürke
Groen	Zöld
Indigo	Indigó
Magenta	Bíborvörös
Oranje	Narancs
Paars	Lila
Rood	Piros
Roze	Rózsaszín
Sepia	Szépia
Wit	Fehér
Zwart	Fekete

Klimmen
Hegymászás

Atmosfeer	Légkör
Deskundige	Szakértő
Fysiek	Fizikai
Gidsen	Útmutatók
Grot	Barlang
Handschoenen	Kesztyű
Helm	Sisak
Hoogte	Magasság
Kaart	Térkép
Kracht	Erő
Laarzen	Csizma
Letsel	Sérülés
Nieuwsgierigheid	Kíváncsiság
Opleiding	Képzés
Smal	Keskeny
Stabiliteit	Stabilitás
Terrein	Terep
Uitdagingen	Kihívások
Wandelen	Túrázás

Komedie
Vígjáték

Acteur	Színész
Actrice	Színésznő
Applaus	Taps
Clowns	Bohócok
Expressief	Kifejező
Gelach	Nevetés
Genre	Műfaj
Grappen	Viccek
Grappig	Vicces
Humor	Humor
Improvisatie	Improvizáció
Parodie	Paródia
Plezier	Móka
Publiek	Közönség
Slim	Okos
Televisie	Televízió
Theater	Színház

Kunst
Művészet

Beeldhouwwerk	Szobor
Complex	Összetett
Eenvoudig	Egyszerű
Eerlijk	Őszinte
Geïnspireerd	Ihletett
Humeur	Hangulat
Keramisch	Kerámia
Onderwerp	Tárgy
Origineel	Eredeti
Persoonlijk	Személyes
Poëzie	Költészet
Samenstelling	Összetétel
Schilderijen	Festmények
Surrealisme	Szürrealizmus
Symbool	Szimbólum
Uitdrukking	Kifejezés
Visueel	Vizuális

Kunstbenodigdheden
Művészeti Kellékek

Acryl	Akril
Aquarellen	Akvarellek
Borstels	Ecsetek
Camera	Kamera
Creativiteit	Kreativitás
Ezel	Festőállvány
Gom	Radír
Houtskool	Faszén
Inkt	Tinta
Klei	Agyag
Kleuren	Színek
Lijm	Ragasztó
Olie	Olaj
Papier	Papír
Pastel	Pasztell
Potloden	Ceruzák
Stoel	Szék
Tafel	Asztal
Verf	Festékek
Water	Víz

Landen #2
Országok #2

Denemarken	Dánia
Ethiopië	Etiópia
Frankrijk	Franciaország
Griekenland	Görögország
Ierland	Írország
Indonesië	Indonézia
Japan	Japán
Kenia	Kenya
Laos	Laosz
Libanon	Libanon
Liberia	Libéria
Maleisië	Malajzia
Mexico	Mexikó
Nepal	Nepál
Nigeria	Nigéria
Oeganda	Uganda
Oekraïne	Ukrajna
Rusland	Oroszország
Somalië	Szomália
Syrië	Szíria

Landschappen
Tájképek

Berg	Hegy
Eiland	Sziget
Geiser	Gejzír
Gletsjer	Gleccser
Grot	Barlang
Heuvel	Domb
Ijsberg	Jéghegy
Meer	Tó
Moeras	Mocsár
Oase	Oázis
Oceaan	Óceán
Rivier	Folyó
Schiereiland	Félsziget
Strand	Strand
Toendra	Tundra
Vallei	Völgy
Vulkaan	Vulkán
Waterval	Vízesés
Woestijn	Sivatag
Zee	Tenger

Literatuur
Irodalom

Analogie	Analógia
Analyse	Elemzés
Anekdote	Anekdota
Auteur	Szerző
Biografie	Életrajz
Conclusie	Következtetés
Dialoog	Párbeszéd
Fictie	Fikció
Gedicht	Vers
Mening	Vélemény
Metafoor	Metafora
Omschrijving	Leírás
Poëtisch	Költői
Rijm	Rím
Ritme	Ritmus
Roman	Regény
Stijl	Stílus
Thema	Téma
Tragedie	Tragédia
Verteller	Narrátor

Meditatie
Elmélkedés

Aandacht	Figyelem
Aanvaarding	Elfogadás
Ademhaling	Légzés
Beweging	Mozgás
Dankbaarheid	Hála
Emoties	Érzelmek
Gedachten	Gondolatok
Geluk	Boldogság
Helderheid	Világosság
Houding	Testtartás
Mededogen	Együttérzés
Mentaal	Mentális
Muziek	Zene
Natuur	Természet
Observatie	Megfigyelés
Perspectief	Perspektíva
Stilte	Csend
Vrede	Béke
Vriendelijkheid	Kedvesség
Wakker	Ébren

Meer Informatie
Sci-Fi

Bioscoop	Mozi
Boeken	Könyvek
Brand	Tűz
Denkbeeldig	Képzeletbeli
Dystopie	Dystopia
Explosie	Robbanás
Extreem	Szélsőséges
Fantastisch	Fantasztikus
Futuristisch	Futurisztikus
Illusie	Illúzió
Mysterieus	Rejtélyes
Orakel	Jóslat
Planeet	Bolygó
Realistisch	Reális
Robots	Robotok
Scenario	Forgatókönyv
Sterrenstelsel	Galaxis
Technologie	Technológia
Utopie	Utópia
Wereld	Világ

Menselijk Lichaam
Emberi Test

Been	Láb
Bloed	Vér
Elleboog	Könyök
Enkel	Boka
Hand	Kéz
Hart	Szív
Hersenen	Agy
Hoofd	Fej
Huid	Bőr
Kaak	Állkapocs
Kin	Áll
Knie	Térd
Maag	Gyomor
Mond	Száj
Nek	Nyak
Neus	Orr
Oor	Fül
Schouder	Váll
Tong	Nyelv
Vinger	Ujj

Metingen
Mérések

Breedte	Szélesség
Byte	Bájt
Centimeter	Centiméter
Decimaal	Tizedes
Diepte	Mélység
Gewicht	Súly
Graad	Fokozat
Gram	Gramm
Hoogte	Magasság
Inch	Hüvelyk
Kilogram	Kilogramm
Kilometer	Kilométer
Lengte	Hossz
Liter	Liter
Massa	Tömeg
Meter	Mérő
Minuut	Perc
Ons	Uncia
Pint	Pint
Ton	Tonna

Meubels
Bútor

Bank	Pad
Bed	Ágy
Boekenkast	Könyvespolc
Bureau	Íróasztal
Dekbedden	Paplanok
Dressoir	Komód
Fauteuil	Fotel
Futon	Futon
Gordijnen	Függönyök
Hangmat	Függőágy
Kussen	Párna
Kussens	Párnák
Lamp	Lámpa
Matras	Matrac
Planken	Polcok
Spiegel	Tükör
Stoel	Szék
Tapijt	Szőnyeg

Muziekinstrumenten
Hangszerek

Banjo	Bendzsó
Cello	Cselló
Fagot	Fagott
Fluit	Fuvola
Gitaar	Gitár
Gong	Gong
Harp	Hárfa
Hobo	Oboa
Klarinet	Klarinét
Klokkenspel	Harangjáték
Mandoline	Mandolin
Marimba	Marimba
Mondharmonica	Harmonika
Piano	Zongora
Saxofoon	Szaxofon
Tamboerijn	Csörgődob
Trombone	Harsona
Trommel	Dob
Trompet	Trombita
Viool	Hegedű

Mythologie
Mitológia

Archetype	Archetípus
Bliksem	Villám
Creatie	Teremtés
Cultuur	Kultúra
Donder	Mennydörgés
Doolhof	Labirintus
Gedrag	Viselkedés
Held	Hős
Heldin	Hősnő
Hemel	Menny
Jaloezie	Féltékenység
Kracht	Erő
Krijger	Harcos
Legende	Legenda
Magisch	Mágikus
Monster	Szörny
Ramp	Katasztrófa
Sterfelijk	Halandó
Wezen	Teremtmény
Wraak	Bosszú

Natuur
Természet

Arctisch	Sarkvidéki
Bijen	Méhek
Bos	Erdő
Dieren	Állatok
Dynamisch	Dinamikus
Erosie	Erózió
Gebladerte	Lombozat
Gletsjer	Gleccser
Heiligdom	Szentély
Klippen	Sziklák
Mist	Köd
Rivier	Folyó
Schoonheid	Szépség
Schuilplaats	Menedék
Sereen	Derűs
Tropisch	Trópusi
Vitaal	Létfontosságú
Wild	Vad
Woestijn	Sivatag
Wolken	Felhők

Oceaan
Óceán

Aal	Angolna
Algen	Alga
Boot	Hajó
Dolfijn	Delfin
Garnaal	Garnélarák
Getijden	Árapály
Haai	Cápa
Koraal	Korall
Krab	Rák
Kwal	Medúza
Octopus	Polip
Oester	Osztriga
Rif	Zátony
Schildpad	Teknős
Spons	Szivacs
Storm	Vihar
Tonijn	Tonhal
Vis	Hal
Walvis	Bálna
Zout	Só

Om in te Vullen
Töltse Ki

Buis	Cső
Dienblad	Tálca
Doos	Doboz
Emmer	Vödör
Envelop	Boríték
Fles	Üveg
Karton	Karton
Koffer	Bőrönd
Krat	Láda
Lade	Fiók
Mand	Kosár
Map	Mappa
Pakje	Csomag
Pot	Korsó
Vaas	Váza
Vat	Hordó
Zak	Zseb

Piraten
Kalózok

Anker	Horgony
Avontuur	Kaland
Bemanning	Legénység
Eiland	Sziget
Gevaar	Veszély
Goud	Arany
Grot	Barlang
Kaart	Térkép
Kapitein	Kapitány
Kompas	Iránytű
Legende	Legenda
Litteken	Heg
Oceaan	Óceán
Papegaai	Papagáj
Rum	Rum
Schat	Kincs
Slecht	Rossz
Strand	Strand
Vlag	Zászló
Zwaard	Kard

Regenwoud
Esőerdők

Amfibieën	Kétéltűek
Behoud	Megőrzés
Botanisch	Botanika
Diversiteit	Sokféleség
Gemeenschap	Közösség
Insecten	Rovarok
Jungle	Dzsungel
Klimaat	Éghajlat
Mos	Moha
Natuur	Természet
Overleving	Túlélés
Respect	Tisztelet
Restauratie	Helyreállítás
Soort	Faj
Toevlucht	Menedék
Vogels	Madarak
Waardevol	Értékes
Wolken	Felhők
Zoogdieren	Emlősök

Restaurant #1
Étterem #1

Allergie	Allergia
Bord	Tányér
Brood	Kenyér
Eten	Enni
Ingrediënten	Összetevők
Kassier	Pénztáros
Keuken	Konyha
Kip	Csirke
Koffie	Kávé
Kom	Tál
Menu	Menü
Mes	Kés
Pittig	Fűszeres
Reservering	Foglalás
Saus	Szósz
Serveerster	Pincérnő
Servet	Szalvéta
Toetje	Desszert
Vlees	Hús
Voedsel	Élelmiszer

Restaurant #2
Étterem #2

Cake	Torta
Diner	Vacsora
Drank	Ital
Eieren	Tojás
Fruit	Gyümölcs
Groente	Zöldségek
Heerlijk	Finom
Ijs	Jég
Lepel	Kanál
Lunch	Ebéd
Noedels	Tészta
Ober	Pincér
Salade	Saláta
Soep	Leves
Specerijen	Fűszerek
Stoel	Szék
Vis	Hal
Vork	Villa
Water	Víz
Zout	Só

Rijden
Vezetés

Auto	Autó
Brandstof	Üzemanyag
Garage	Garázs
Gas	Gáz
Gevaar	Veszély
Kaart	Térkép
Licentie	Engedély
Motor	Motor
Motorfiets	Motorkerékpár
Ongeluk	Baleset
Politie	Rendőrség
Remmen	Fékek
Snelheid	Sebesség
Straat	Utca
Tunnel	Alagút
Veiligheid	Biztonság
Verkeer	Forgalom
Voetganger	Gyalogos
Vrachtauto	Kamion
Weg	Út

Schaken
Sakk

Diagonaal	Átlós
Kampioen	Bajnok
Koning	Király
Koningin	Királynő
Leren	Tanulni
Offer	Áldozat
Passief	Passzív
Punten	Pontok
Reglement	Szabályok
Slim	Okos
Spel	Játék
Speler	Játékos
Strategie	Stratégia
Tegenstander	Ellenfél
Tijd	Idő
Toernooi	Torna
Uitdagingen	Kihívások
Wedstrijd	Verseny
Wit	Fehér
Zwart	Fekete

School #1
Iskola #1

Alfabet	Ábécé
Antwoorden	Válaszok
Bibliotheek	Könyvtár
Boeken	Könyvek
Bureau	Íróasztal
Cijfers	Számok
Examens	Vizsgák
Klaslokaal	Tanterem
Leraar	Tanár
Leren	Tanulni
Lunch	Ebéd
Mappen	Mappák
Papier	Papír
Pennen	Toll
Plezier	Móka
Potlood	Ceruza
Quiz	Kvíz
Stoel	Szék
Vrienden	Barátok
Wiskunde	Matematika

School #2
Iskola #2

Academisch	Akadémiai
Bibliotheek	Könyvtár
Bus	Busz
Computer	Számítógép
Grammatica	Nyelvtan
Huiswerk	Házi Feladat
Kalender	Naptár
Leraar	Tanár
Literatuur	Irodalom
Onderwijs	Oktatás
Papier	Papír
Pennen	Toll
Potlood	Ceruza
Rugzak	Hátizsák
Schaar	Olló
Schoenen	Cipő
Weekend	Hétvégén
Wetenschap	Tudomány
Wiskunde	Matematika
Woordenboek	Szótár

Specerijen
Fűszerek

Anijs	Ánizs
Bitter	Keserű
Fenegriek	Görögszéna
Gember	Gyömbér
Kaneel	Fahéj
Kardemom	Kardamom
Kerrie	Curry
Knoflook	Fokhagyma
Komijn	Kömény
Koriander	Koriander
Kruidnagel	Szegfűszeg
Nootmuskaat	Szerecsendió
Paprika	Paprika
Saffraan	Sáfrány
Smaak	Íz
Ui	Hagyma
Vanille	Vanília
Venkel	Édeskömény
Zoet	Édes
Zout	Só

Speelgoed
Játékok

Ambachten	Kézművesség
Auto	Autó
Bal	Labda
Boeken	Könyvek
Boot	Hajó
Drums	Dobok
Favoriet	Kedvenc
Fiets	Kerékpár
Games	Játékok
Klei	Agyag
Pop	Baba
Puzzel	Puzzle
Robot	Robot
Schaak	Sakk
Trein	Vonat
Verbeelding	Képzelet
Verf	Festékek
Vlieger	Sárkány
Vliegtuig	Repülőgép
Vrachtauto	Kamion

Sport
Sport

Atleet	Atléta
Basketbal	Kosárlabda
Beweging	Mozgás
Fiets	Kerékpár
Golf	Golf
Gymnastiek	Torna
Hockey	Hoki
Honkbal	Baseball
Kampioenschap	Bajnokság
Scheidsrechter	Játékvezető
Spel	Játék
Speler	Játékos
Stadion	Stadion
Team	Csapat
Tennis	Tenisz
Trainer	Edző
Winnaar	Győztes
Zwemmen	Úszni

Stad
Város

Apotheek	Gyógyszertár
Bakkerij	Pékség
Bank	Bank
Bibliotheek	Könyvtár
Bioscoop	Mozi
Bloemist	Virágárus
Boekhandel	Könyvesbolt
Dierentuin	Állatkert
Galerij	Galéria
Hotel	Szálloda
Kliniek	Klinika
Luchthaven	Repülőtér
Markt	Piac
Museum	Múzeum
School	Iskola
Stadion	Stadion
Supermarkt	Szupermarket
Theater	Színház
Universiteit	Egyetem
Winkel	Bolt

Strand
Strand

Blauw	Kék
Boot	Hajó
Dok	Dokk
Eiland	Sziget
Handdoek	Törülköző
Krab	Rák
Kust	Part
Lagune	Lagúna
Oceaan	Óceán
Paraplu	Esernyő
Rif	Zátony
Sandalen	Szandál
Schelpen	Kagyló
Vakantie	Nyaralás
Zand	Homok
Zee	Tenger
Zeilboot	Vitorlás
Zon	Nap
Zwemmen	Úszni

Surfen
Szörfözés

Atleet	Atléta
Beginner	Kezdő
Extreem	Szélsőséges
Golf	Hullám
Kampioen	Bajnok
Kracht	Erő
Maag	Gyomor
Menigte	Tömeg
Oceaan	Óceán
Plezier	Móka
Populair	Népszerű
Rif	Zátony
Schuim	Hab
Snelheid	Sebesség
Spray	Spray
Stijl	Stílus
Strand	Strand
Weer	Időjárás
Zwemmen	Úszni

Technologie
Technológia

Bericht	Üzenet
Bestand	Fájl
Blog	Blog
Browser	Böngésző
Bytes	Bájt
Camera	Kamera
Computer	Számítógép
Cursor	Kurzor
Digitaal	Digitális
Gegevens	Adat
Internet	Internet
Lettertype	Betűtípus
Onderzoek	Kutatás
Scherm	Képernyő
Software	Szoftver
Statistiek	Statisztika
Veiligheid	Biztonság
Virtueel	Virtuális
Virus	Vírus

Tijd
Idő

Dag	Nap
Decennium	Évtized
Eeuw	Század
Gisteren	Tegnap
Jaar	Év
Jaarlijks	Éves
Kalender	Naptár
Maand	Hónap
Middag	Dél
Minuut	Perc
Morgen	Holnap
Na	Után
Nacht	Éjszaka
Nu	Most
Ochtend	Reggel
Toekomst	Jövő
Uur	Óra
Vandaag	Ma
Vroeg	Korai
Week	Hét

Tuin
Kert

Bank	Pad
Bloem	Virág
Boom	Fa
Boomgaard	Gyümölcsös
Garage	Garázs
Gazon	Gyep
Gras	Fű
Hangmat	Függőágy
Hark	Gereblye
Hek	Kerítés
Onkruid	Gyomok
Rotsen	Sziklák
Schop	Lapát
Slang	Tömlő
Struik	Bokor
Terras	Terasz
Trampoline	Trambulin
Tuin	Kert
Vijver	Tavacska
Wijnstok	Szőlő

Vakantie #2
Nyaralás #2

Bergen	Hegyek
Buitenlander	Külföldi
Eiland	Sziget
Hotel	Szálloda
Kaart	Térkép
Kamperen	Kemping
Luchthaven	Repülőtér
Paspoort	Útlevél
Reis	Utazás
Reserveringen	Foglalások
Restaurant	Étterem
Strand	Strand
Taxi	Taxi
Tent	Sátor
Trein	Vonat
Vakantie	Nyaralás
Vervoer	Szállítás
Visum	Vízum
Vrije Tijd	Szabadidő
Zee	Tenger

Verjaardag
Születésnap

Blij	Vidám
Cake	Torta
Dag	Nap
Geboren	Született
Gelukkig	Boldog
Geschenk	Ajándék
Herinneringen	Emlékek
Jaar	Év
Jong	Fiatal
Kaarsen	Gyertyák
Kaarten	Kártyák
Kalender	Naptár
Lied	Dal
Plezier	Móka
Speciaal	Különleges
Tijd	Idő
Uitnodigingen	Meghívók
Viering	Ünneplés
Vrienden	Barátok
Wijsheid	Bölcsesség

Vissen
Halászat

Aas	Csali
Apparatuur	Felszerelés
Boot	Hajó
Draad	Drót
Geduld	Türelem
Gewicht	Súly
Haak	Horog
Kaak	Állkapocs
Kieuwen	Kopoltyúk
Kok	Szakács
Mand	Kosár
Meer	Tó
Oceaan	Óceán
Overdrijving	Túlzás
Rivier	Folyó
Seizoen	Évszak
Strand	Strand
Vinnen	Uszonyok
Water	Víz

Vliegtuigen
Repülőgépek

Afdaling	Származás
Atmosfeer	Légkör
Avontuur	Kaland
Ballon	Ballon
Bemanning	Legénység
Bouw	Építés
Brandstof	Üzemanyag
Geschiedenis	Történelem
Hemel	Ég
Hoogte	Magasság
Landen	Leszállás
Lucht	Levegő
Motor	Motor
Navigeren	Hajózik
Ontwerp	Tervezés
Passagier	Utas
Piloot	Pilóta
Richting	Irány
Turbulentie	Turbulencia
Waterstof	Hidrogén

Voeding
Teljesítmény

Bitter	Keserű
Calorieën	Kalória
Dieet	Diéta
Eetbaar	Ehető
Eetlust	Étvágy
Eiwitten	Fehérjék
Fermentatie	Erjesztés
Gewicht	Súly
Gezond	Egészséges
Gezondheid	Egészség
Koolhydraten	Szénhidrátok
Kwaliteit	Minőség
Saus	Szósz
Smaak	Íz
Specerijen	Fűszerek
Spijsvertering	Emésztés
Toxine	Toxin
Vitamine	Vitamin
Vloeistoffen	Folyadékok
Voedingsstof	Tápanyag

Voertuigen
Járművek

Ambulance	Mentőautó
Auto	Autó
Banden	Gumik
Bestelwagen	Furgon
Boot	Hajó
Bus	Busz
Caravan	Lakókocsi
Fiets	Kerékpár
Helikopter	Helikopter
Metro	Metró
Motor	Motor
Raket	Rakéta
Scooter	Robogó
Taxi	Taxi
Tractor	Traktor
Trein	Vonat
Veerboot	Komp
Vliegtuig	Repülőgép
Vlot	Tutaj
Vrachtauto	Kamion

Vogels
Madarak

Duif	Galamb
Eend	Kacsa
Ei	Tojás
Flamingo	Flamingó
Gans	Liba
Kip	Csirke
Koekoek	Kakukk
Kraai	Varjú
Meeuw	Sirály
Mus	Veréb
Ooievaar	Gólya
Papegaai	Papagáj
Pauw	Páva
Pelikaan	Pelikán
Pinguïn	Pingvin
Reiger	Gém
Struisvogel	Strucc
Toekan	Tukán
Uil	Bagoly
Zwaan	Hattyú

Vormen
Alakzatok

Bol	Gömb
Boog	Ív
Cilinder	Henger
Cirkel	Kör
Driehoek	Háromszög
Hoek	Sarok
Hyperbool	Hiperbola
Kant	Oldal
Kegel	Kúp
Kubus	Kocka
Lijn	Vonal
Ovaal	Ovális
Piramide	Piramis
Prisma	Prizma
Randen	Élek
Rechthoek	Téglalap
Ronde	Kerek
Veelhoek	Poligon
Vierkant	Négyzet

Wandelen
Túrázás

Berg	Hegy
Dieren	Állatok
Gevaren	Veszélyek
Kaart	Térkép
Kamperen	Kemping
Klif	Szikla
Klimaat	Éghajlat
Laarzen	Csizma
Moe	Fáradt
Muggen	Szúnyogok
Natuur	Természet
Oriëntatie	Orientáció
Parken	Parkok
Stenen	Kövek
Voorbereiding	Előkészítés
Water	Víz
Weer	Időjárás
Wild	Vad
Zon	Nap
Zwaar	Nehéz

Water
Víz

Douche	Zuhany
Geiser	Gejzír
Golven	Hullámok
Ijs	Jég
Irrigatie	Öntözés
Kanaal	Csatorna
Meer	Tó
Moesson	Monszun
Oceaan	Óceán
Orkaan	Hurrikán
Overstroming	Árvíz
Regen	Eső
Rivier	Folyó
Sneeuw	Hó
Stoom	Gőz
Verdamping	Párolgás
Vocht	Nedvesség
Vochtig	Nedves
Vochtigheid	Páratartalom
Vorst	Fagy

Weersomstandigheden
Időjárás

Atmosfeer	Légkör
Bliksem	Villám
Donder	Mennydörgés
Droogte	Aszály
Hemel	Ég
Ijs	Jég
Klimaat	Éghajlat
Mist	Köd
Moesson	Monszun
Orkaan	Hurrikán
Overstroming	Árvíz
Polair	Poláris
Regenboog	Szivárvány
Storm	Vihar
Temperatuur	Hőmérséklet
Tornado	Tornádó
Tropisch	Trópusi
Vochtig	Nedves
Wind	Szél
Wolk	Felhő

Wetenschap
Tudomány

Atoom	Atom
Chemisch	Kémiai
Deeltjes	Részecskék
Evolutie	Evolúció
Experiment	Kísérlet
Feit	Tény
Fossiel	Fosszilis
Gegevens	Adat
Hypothese	Hipotézis
Klimaat	Éghajlat
Laboratorium	Laboratórium
Methode	Módszer
Moleculen	Molekulák
Natuur	Természet
Natuurkunde	Fizika
Observatie	Megfigyelés
Organisme	Szervezet
Planten	Növények
Wetenschapper	Tudós
Zwaartekracht	Gravitáció

Wetenschappelijke Discip
Tudományos Tudományágak

Anatomie	Anatómia
Archeologie	Régészet
Astronomie	Csillagászat
Biochemie	Biokémia
Biologie	Biológia
Chemie	Kémia
Ecologie	Ökológia
Fysiologie	Fiziológia
Geologie	Geológia
Immunologie	Immunológia
Mechanica	Mechanika
Meteorologie	Meteorológia
Mineralogie	Ásványtan
Neurologie	Neurológia
Plantkunde	Botanika
Psychologie	Pszichológia
Robotica	Robotika
Sociologie	Szociológia
Thermodynamica	Termodinamika
Voeding	Táplálkozás

Wiskunde
Matematika

Bol	Gömb
Decimaal	Tizedes
Diameter	Átmérő
Driehoek	Háromszög
Exponent	Kitevő
Fractie	Töredék
Geometrie	Geometria
Graden	Fok
Hoeken	Szögek
Loodrecht	Merőleges
Omtrek	Kerület
Parallel	Párhuzamos
Rechthoek	Téglalap
Rekenkundig	Számtan
Som	Összeg
Straal	Sugár
Symmetrie	Szimmetria
Veelhoek	Poligon
Vergelijking	Egyenlet
Vierkant	Négyzet

Zomer
Nyár

Boeken	Könyvek
Duiken	Búvárkodás
Familie	Család
Herinneringen	Emlékek
Huis	Otthon
Kamperen	Kemping
Muziek	Zene
Ontspanning	Kikapcsolódás
Reis	Utazás
Sandalen	Szandál
Sterren	Csillagok
Strand	Strand
Tuin	Kert
Vakantie	Nyaralás
Voedsel	Élelmiszer
Vreugde	Öröm
Vrienden	Barátok
Vrije Tijd	Szabadidő
Zee	Tenger
Zwemmen	Úszni

Zoogdieren
Emlősök

Aap	Majom
Bever	Hód
Coyote	Prérifarkas
Dolfijn	Delfin
Ezel	Szamár
Geit	Kecske
Giraf	Zsiráf
Gorilla	Gorilla
Hond	Kutya
Kameel	Teve
Kangoeroe	Kenguru
Kat	Macska
Konijn	Nyúl
Leeuw	Oroszlán
Olifant	Elefánt
Paard	Ló
Stier	Bika
Vos	Róka
Walvis	Bálna
Wolf	Farkas

Gefeliciteerd

Je hebt het gehaald!

We hopen dat u net zoveel plezier beleeft aan dit boek als wij aan het maken ervan. We doen ons best om spellen van hoge kwaliteit te maken.
Deze puzzels zijn op een slimme manier ontworpen zodat je actief kunt leren terwijl je plezier hebt!

Vond je ze mooi?

Een Eenvoudig Verzoek

Onze boeken bestaan dankzij de recensies die zij publiceren. Kunt u ons helpen door nu een mening achter te laten ?

Hier is een korte link die u naar uw bestellingen beoordelingspagina.

BestBooksActivity.com/Recensie50

FINAAL UITDAGING!

Uitdaging nr. 1

Klaar voor uw bonusspel? We gebruiken ze de hele tijd, maar ze zijn niet zo gemakkelijk te vinden. Hier zijn **Synoniemen!**

Noteer 5 woorden die je ontdekt hebt in elk van de onderstaande puzzels (nr. 21, nr. 36, nr. 76) en probeer voor elk woord 2 synoniemen te vinden.

Notitie 5 Woorden uit *Puzzle 21*

Woorden	Synoniem 1	Synoniem 2

Notitie 5 Woorden uit *Puzzle 36*

Woorden	Synoniem 1	Synoniem 2

Notitie 5 Woorden uit *Puzzle 76*

Woorden	Synoniem 1	Synoniem 2

Uitdaging nr. 2

Nu je opgewarmd bent, noteer 5 woorden die je ontdekt hebt in elke hieronder genoteerde puzzel (nr. 9, nr. 17, nr. 25) en probeer voor elk woord 2 antoniemen te vinden. Hoeveel regels kan je doen in 20 minuten?

Notitie 5 Woorden uit *Puzzle 9*

Woorden	Antoniem 1	Antoniem 2

Notitie 5 Woorden uit *Puzzle 17*

Woorden	Antoniem 1	Antoniem 2

Notitie 5 Woorden uit *Puzzle 25*

Woorden	Antoniem 1	Antoniem 2

Uitdaging nr. 3

Prachtig, deze finaal uitdaging   is makkelijk voor jou!

Klaar voor de laatste? Kies je 10 favoriete woorden die je in een van de puzzels hebt ontdekt en noteer ze hieronder.

1.	6.
2.	7.
3.	8.
4.	9.
5.	10.

De uitdaging is nu om met deze woorden en binnen een maximum van zes zinnen een tekst te schrijven over een persoon, dier of plaats waar je van houdt!

Tip: U kunt de laatste blanco pagina van dit boek als kladblaadje gebruiken!

Je schrijven:

NOTITIEBOEKJE:

TOT SNEL!

Linguas Classics

GENIET VAN GRATIS SPELLEN

GO

↓

BESTACTIVITYBOOKS.COM/FREEGAMES